Valorização pessoal e profissional

Dados Internacionais de Catalogação na Publicação (CIP)
(Câmara Brasileira do Livro, SP, Brasil)

Grün, Anselm
Valorização pessoal e profissional : o poder inspirador do reconhecimento / Anselm Grün, Paul Ch. Donders ; tradução de Luiz de Lucca. – Petrópolis, RJ : Vozes, 2015.

Título original : Wertschätzung: Die inspirierende Kraft der gegenseitigen Achtung
ISBN 978-85-326-4943-0

1. Reconhecimento 2. Relações interpessoais 3. Valores I. Donders, Paul Ch. II. Título.

14-12843 CDD-158.2

Índices para catálogo sistemático:
1. Relações interpessoais : Psicologia aplicada 158.2

Valorização pessoal e profissional

O poder inspirador do reconhecimento

Tradução de Luiz de Lucca

Anselm Grün
Paul Ch. Donders

VOZES

Título do original alemão: *Wertschätzung – Die inspirierende Kraft der gegenseitigen Achtung*

Direitos de publicação em língua portuguesa – Brasil:
2015, Editora Vozes Ltda.
Rua Frei Luís, 100
25689-900 Petrópolis, RJ
www.vozes.com.br
Brasil

Diretor editorial
Frei Antônio Moser

Editores
Aline dos Santos Carneiro
José Maria da Silva
Lídio Peretti
Marilac Loraine Oleniki

Secretário executivo
João Batista Kreuch

Editoração: Maria da Conceição B. de Sousa
Diagramação: Sandra Bretz
Capa: Sarah David
Ilustração de capa: ©Csaba Peterdi | Shutterstock

ISBN 978-85-326-4943-0 (edição brasileira)
ISBN 978-3-89680-536-2 (edição alemã)

Editado conforme o novo acordo ortográfico.

Este livro foi composto e impresso pela Editora Vozes Ltda.

Sumário

Introdução

Reconhecimento é algo que todos desejamos. Queremos ser apreciados pelo que temos de bom, desejamos ser percebidos e aprovados. Mas, apesar desta necessidade, pouco fazemos para alcançá-lo. Giramos demais em torno de nós mesmos e não percebemos que os outros também necessitam do nosso reconhecimento. E é tão fácil valorizar as pessoas à nossa volta, basta cultivar o hábito.

Duas condições são necessárias para valorizarmos os outros. A primeira é aceitarmos e reconhecermos a nós mesmos, reconhecendo nosso próprio valor. Se nos desvalorizamos, não conseguimos valorizar mais ninguém, por mais que nos esforcemos, porque, subestimando a nós mesmos, subestimamos os outros.

A segunda condição é compreender as pessoas que nos cercam. Observando-as sem preconceitos, veremos que, às vezes, o desejo de serem percebidas e valorizadas também as leva a comportamentos forçados.

Somente quando deixamos de girar em torno de nós mesmos, podemos perceber as carências dos outros. Assim se torna fácil demonstrarmos nosso reconhecimento e, com isso, a visão dos outros muda para melhor, não observam mais o mundo com tanta raiva. Na medida em que os outros percebem meu reconhecimento, seu olhar vai ganhando brilho e aqueles olhos luminosos e alegres me fazem bem, sinto que meu reconhecimento pode transformar as pessoas que me cercam. Posso transformar o clima ao meu redor, posso gerar um clima que é bom também para mim e para minha vida.

Assim, o que nós – Anselm Grün e Paul Ch. Donders – pretendemos neste livro é convidar vocês, não a *refletir* sobre a valorização humana, mas a *praticá-la*. Os pensamentos de Paul Donders e os meus se complementam. Partimos de nossas respectivas experiências concretas, para estimulá-los a valorizarem a si mesmos e a demonstrarem seu reconhecimento ao valor das pessoas com as quais convivem e trabalham.

Não trazemos grandes novidades – queremos lhes falar de coisas que a alma de vocês já conhece há muito tempo. É que, para reencontrar a sabedoria de nossa própria alma, muitas vezes precisamos das palavras de outra pessoa. Se vocês se exercitarem nesta sabedoria, experimentarão a bênção que vem da valorização humana.

Anselm Grün
Paul Ch. Donders

1

Só quem gera valores pode reconhecer valores

Reconhecimento de valores e geração de valores – o que tem um a ver com o outro? São dois conceitos totalmente distintos. Ou será que não?

A palavra alemã *Wertschätzen* (valorização, reconhecimento ou percepção do valor) compõe-se de duas outras palavras. Primeiramente *Wert* (valor). *Wert* tem a ver com *Würde* (dignidade). Quem conhece o próprio valor pode perceber e se alegrar no valor dos outros. Por outro lado, aquele que se desvaloriza também diminui ou desconsidera o valor alheio, não pode suportar a ideia de que outras pessoas tenham valor, enquanto ele mesmo parece não ter nenhum. Quem conhece o próprio valor é uma pessoa preciosa. Desvalorizar os outros é declarar o próprio desvalor.

O valor não é algo que se calcule. Muitas pessoas acham que têm que avaliar prontamente tudo o que elas próprias e os outros dizem e fazem. Julgam o valor, quando o caminho espiritual nos ensina a não julgar, nem mesmo nossos próprios comportamentos, mas apenas observá-los e percebê-los com isenção.

A outra parte da palavra (*schätzen*) contém o termo *Schatz* (tesouro, riqueza, joia). O significado original de *Schatz* designa uma peça de ouro e serve também para indicar posse e riqueza. Desde o século XV, também chamamos uma pessoa amada de *Mein Schatz* (meu tesouro, minha joia).

Schätzen significa originalmente: considerar, apreciar, reconhecer um valor. Pode-se medir alguém por baixo ou enaltecê-lo indevidamente, quando, por exemplo, depreciamos ou superestimamos um funcionário. Mas *reconhecer* valores significa *notar* que alguém é valioso, *perceber* seu valor. Quem reconhece o valor de alguém, vê nele uma riqueza que é valiosa também para outras pessoas. Se vejo qualidades nos outros, posso defini-las, e assim estimulo o que eles têm de bom. Aquele a quem demonstro reconhecimento crê no seu valor e os outros o reconhecem. Mas se desvalorizo alguém, essa pessoa deixa de perceber seu valor próprio e passa a afetar valores artificiais, quando não se retrai por insegurança.

Entretanto, o reconhecimento do qual falamos pode ter um significado a mais: prezar os valores por si só. O que aqui entendemos como *valores* são aqueles atributos humanos conhecidos como *virtudes*. Para os antigos, a palavra "virtudes" designava aquilo que chamaríamos "fontes de força". Valores expressam a dignidade humana, valores preservam a dignidade humana.

Quem preza especificamente os valores, assim mais ou menos como a filosofia grega os definiu, preza o valor e a dignidade do ser humano. Se prezamos os valores em si, manifestamos também nosso apreço pelo valor das pessoas. E é só prezando os valores que podemos gerar valores financeiros.

1.1 É dando valor que geramos valores

Quando se fala de valores em termos administrativos, costuma-se dizer: "Sim, isso parece bom, mas antes é preciso avaliar a disponibilidade financeira, para depois estabelecer valores". Mas nós afirmamos justamente o contrário: é a *valorização*, e não a *avaliação*, que gera o *valor*!

Não é delírio nem utopia; é um fato. Intensas pesquisas atuais na economia industrial verificam êxito duradouro em empresas que se baseiam na valorização a longo prazo. Muitos empresários sabem por experiência própria que não se aumenta o lucro só abaixando os preços, mas também satisfazendo o cliente. O cliente não pensa só em preços baixos, mas também em valores como confiabilidade, autenticidade e qualidade do produto, bom desempenho e amabilidade do pessoal.

Quando falo em valores, não estou querendo fazer campanha moralista e dizer: "Precisamos de muito mais valores na vida!" O que pretendo é falar em prol dos valores. Valores otimizam a vida, e o mesmo ocorre com uma empresa. Uma empresa que não dá atenção aos valores manifesta desprezo por si mesma e pelo ser humano. Numa empresa onde o fator humano foi deixado de lado, ninguém mais quer trabalhar e todo valor se perde.

Na história das palavras encontra-se muita sabedoria. Lembremos: A palavra latina para *valor* (*virtus*) significa, entre outras coisas, *fonte de força*. Valores não são, portanto, apenas elementos positivos que devemos *nos esforçar* para atingir, mas também fontes que *nos dão força*. Nas línguas latinas, os termos *valor, valore* etc., bem como o inglês *value*, se originam do verbo latino *valere*, que significa "ser saudável". Portanto, *valores* também podem ser entendidos simplesmente como *fontes de saúde*. É neste sentido que pretendo falar deles.

Hoje se fala muito em *mudança de valores*, mas os valores na verdade não mudam; o que pode mudar é nossa relação com eles. Como observamos hoje os valores? O que significam no mundo da economia e, mais precisamente, na administração de empresas e pessoal? De que modo os valores otimizam a vida e a empresa?

Talvez hoje optemos por outros conceitos, mas, neste capítulo, eu desejo, a princípio, mostrar os quatro valores básicos conceituados pela filosofia grega, associando-os depois aos três valores capitais do cristianismo, e analisando cada caso nos termos da questão: "O que têm esses valores básicos a ver com administração empresarial e humana e com geração de valores?"

1.2 Os quatro valores platônicos

O grande filósofo grego Platão desenvolveu a teoria das virtudes básicas, que conhecemos como as quatro "virtudes cardeais": justiça, fortaleza, moderação e prudência.

Justiça

Segundo Platão, a justiça é o primeiro valor básico. Justiça significa, em primeiro lugar, ser justo para comigo mesmo, em meu modo de ser, meu corpo, minha alma, meu espírito. Significa viver corretamente, com integridade, ser justo para com o ser humano, não só no que se refere a mim, mas também aos outros. Isto é justiça social, o significado de *suum cuique*, ou seja, cada um contribui com sua parte.

Eu, Anselm Grün, perguntei certa vez, num curso para homens, qual seria o modelo ideal de cada um e um dos participantes respondeu: "Para mim, um de meus primeiros professores é um modelo exato. Era muito severo, mas absolutamente justo". O que é ser absolutamente justo? É ser justo para com todos, o que se verifica na justa distribuição de benefícios, chances, prêmios ou pagamentos, enfim, no justo tratamento de cada um. Isso é fundamental.

Na Bíblia se lê: "O fruto da justiça semeia-se na paz para os que promovem a paz" (Tg 3,18). Sem justiça não há paz, há rivalidades, ciúmes e atritos dentro da empresa, e isso custa uma carga de dinheiro. A liberdade interior é um atributo da justiça. Só posso ser justo para com os outros quando não giro exclusivamente em torno de mim mesmo. Se vivo concentrado em meu próprio valor, acabo me sentindo diminuído e amedrontado. Albert Görres, o psiquiatra de Munique, certa vez disse: "Existem empresários e chefes de setor que agregam legiões de puxa-sacos". Só que desses bajuladores não se pode esperar grande coisa. Quem se faz rodear de bajuladores não tem ninguém por perto capaz de algo que preste. Quem age assim procura pessoas que se diminuem para que ele próprio se sinta grande e em evidência, para se maravilhar consigo mesmo. Assim se perde o potencial capaz de gerar valores.

Dei, certa vez, um curso para terapeutas, médicos e diretores clínicos, numa clínica especializada em distúrbios psicossomáticos. O diretor e fundador da clínica tinha um desempenho fenomenal, mas era um narcisista que se valia de bajuladores ostensivos e tinha que ficar em foco o tempo todo. Os pacientes percebiam logo e diziam: "Você é mesmo dos nossos". A princípio era divertido, mas o problema era que ele demitia os terapeutas realmente bons, por medo de que o ofuscassem e lhe roubassem a popularidade.

Psicólogos organizacionais dizem que esse tipo de comportamento imaturo põe a perder em torno de 40% do potencial de valorização nas empresas. Aí vocês veem o que realmente deve ser preservado: Antes de demitir funcionários e exigir mais ação de outros, deve-se evitar o desperdício de potencial, evitar, portanto, todas as perdas que ocorrem devido à injustiça, inverdade e imaturidade, devido a se agir injustamente com as pessoas, a não se gostar de ver o valor dos outros.

Se sou consciente do meu próprio valor, gosto de ver o valor dos outros. Não preciso ser o melhor nem o mais popular dos líderes, pois tenho minhas próprias qualidades. A grandeza do ser humano consiste em reconhecer e poder esperar valor dos outros. Assim é a justiça, como virtude essencial da liderança.

Fortaleza

Como segundo valor, Platão designou a fortaleza. Não é uma virtude só para soldados, esportistas ou filósofos, mas para todo líder e todos que têm responsabilidades.

Fortaleza não é teimosia, é disposição para manter firmeza naquilo em que acreditamos, mesmo correndo o risco de ser atacados e feridos por causa de nossas convicções. Vivemos na era do populismo, na qual muitos de nós só se orientam por valores que estão na moda, graus de influência e escalas de preferência. Mais um sinal da ausência de valor. Se não vejo valor algum dentro de mim, tenho que arranjar valores *fashion* lá fora, mesmo que para isso eu tenha que me contorcer todo e dar um mau jeito no pescoço. Isso não é bom.

Hoje também podemos chamar a fortaleza de *coragem civil*. Sabemos como isto é importante para nossa sociedade. Fortaleza significa engajamento em prol de outros, significa também uma atitude na qual assumimos o controle da vida.

Pascal Bruckner, um filósofo francês, escreveu um livro com o título provocador de "Sofro, logo existo". Com isto ele denuncia duas atitudes típicas da nossa época, o "infantilismo" e o "vitimismo".

Ele define o infantilismo claramente, observando o ser humano do futuro como um bebê gigante envelhecido, com gigantescas esperanças nos outros, sem disposição de assumir a própria responsabilidade. E, do outro lado – diz ele com aquele agudo humor francês – está o clero jurídico, muito mais agressivo que o clero católico jamais foi. Quem é sempre vítima (claro que "a culpa é sempre dos outros"), vai, junto ao clero agressivo, reivindicar seu direito de acusar os outros, exigir indenização, abrir processos em todas as instâncias.

Com o termo "vitimismo", Brückner se refere à seguinte atitude: "'Eu sou sempre a vítima, os outros são os culpados'. Acho, aliás, que muitas empresas lidam com esse problema. Posso explicar com uma de minhas experiências como orientador: Uma jovem de 30 anos me procurou, acompanhada de seu irmão de 24 anos, pois estava preocupada porque o rapaz não encontrava seu rumo na vida. Interrompera os estudos no Ensino Médio, depois iniciou um curso de eletricista, que interrompeu um ano depois, iniciando um aprendizado de jardinagem, que também parou após um ano. Perguntei a ele: 'Por que você largou a escola e os cursos?' – 'Pois é', respondeu ele, 'os professores eram tão imbecis que eu acabei não aguentando mais'. O professor de eletricidade era horroroso e os de jardinagem eram todos idiotas. 'O que você gostaria de fazer então?' – 'Jornalismo esportivo na TV, mas só na área de corridas automobilísticas.' Ele já enviara uma carta à ZDF, mas nada de resposta.

Que disse eu àquele jovem? Eu disse o seguinte: 'Você tem que se decidir se vai ficar eternamente no colo da mamãe, culpando o mundo de não ter dado a você, o genial e talentoso rapaz, aquilo que lhe cabe – ou se você está disposto a se lançar à vida e lutar. Se você luta, será ferido. Isso é da vida. Quem não quer se ferir nunca, também nunca se lançará'".

A luta é parte da vida, não a luta contra alguém, mas pela vida, pelos valores, pelas próprias convicções. Esta época em que vivemos precisa disto. Isto é fortaleza.

Moderação

Moderação, o terceiro valor platônico, é a noção de medida. Não se trata de restrição ou mediocridade, mas de "saber discernir a medida certa". Eu (Anselm Grün), como monge beneditino, posso acrescentar: São Bento, em sua Regra, chamou a moderação de "mãe de todas as virtudes" e definiu três conceitos de medida:

"Mensura" – a "medida dos cereais"

Com o "recipiente de medição" podemos fazer muitos ajustes, usar os recursos do mundo com certo limite, desenvolver os empreendimentos na medida certa, evitar o abuso no consumo e na exploração da natureza. Sustentabilidade é hoje uma questão vital: Se queremos evitar o colapso, podemos recorrer aos valores para exercitar a repressão (no bom sentido).

Escrevi um livro em parceria com Jochen Zeitz, o presidente da Puma® que começou a recuperar a empresa há 15 anos e agora a está trazendo de volta à plena eficiência. Num prazo de dois anos, não deverá mais haver embalagens que não sejam recicláveis, será preciso poupar 30% da energia e terão que ser construídas fábricas energeticamente ecológicas. Ele sabe que isso tudo custa dinheiro, e terá que investir.

Claro que ele não faz isso desinteressadamente; ele espera êxito a longo prazo. Mas, acima de tudo, está convencido de que é necessário – e eu creio que, com isso, ele pode trazer um novo impulso. A concorrente Adidas® encontra-se na mesma situação, o que, a meu ver, não deve ser ignorado. Se uma toma a iniciativa e mostra que está dando certo, a outra deve seguir o exemplo. Por isso não se pode esperar só da política; é preciso formular (e responder) a pergunta: "De que modo podemos criar iniciativas que, com ações e valores corretos, rendam dinheiro a longo prazo, ainda que custem dinheiro a princípio?"

Mas a ausência de medida, no sentido de "mensura", tem mais um significado: às vezes cobramos demais de nós mesmos. O psiquiatra suíço Daniel Hell diz: A depressão, que hoje ocupa o segundo lugar entre os fatores que definem estados de doença, é, muitas vezes, um grito de socorro da alma contra a autocobrança desmedida. Ser perfeito o tempo todo, sempre sereno, ver tudo de modo positivo, ter sempre tudo sob controle – isso é cobrança desmedida, coisa que ninguém pode consumar. É bom que a alma se rebele. Assim não dá pra continuar vivendo, só tem saúde quem leva a vida na medida certa.

Hoje muita gente se queixa de esgotamento. Tenho acompanhado pessoas que estão com *burnout* desde os 15 anos. Eles dizem sempre: "Estou com *burnout* porque trabalhei demais" – nunca me convenci, porque o trabalho, por si só, não leva ao esgotamento. O *burnout* sempre tem outras causas. Uma causa básica é a fonte na qual nutro meu espírito. É a fonte da alegria, do entusiasmo, enfim, a fonte espiritual, ou alguma fonte turbulenta, como a da pressão constante?

É claro que toda empresa vive sob certa pressão, mas a questão é saber como lidar com tal pressão, reagindo esportivamente, ou adaptando-a ao meu (falso) padrão de vida. Uma senhora me contou que se colocava sob pressão até quando passava a roupa, porque ela mesma estabelecia um espaço de tempo para concluir o trabalho. Conheço um padre que se põe sob pressão em tudo que faz, pois quer que todos o aprovem totalmente. Surgem mais questões sobre a opinião dos outros a nosso respeito. Podemos nos colocar sob pressão em função de qualquer coisa. Quem se comporta assim numa situação econômica, que já gera pressão por si mesma, está a poucos passos do *burnout*.

Outra causa do *burnout* é a grande quantidade de energia necessária para conter a manifestação de algo que não se quer admitir. Uma senhora me disse: "Não consigo me acalmar, porque tenho um vulcão dentro de mim". Quem vive com esta imagem precisa de muita energia para ficar o tempo todo contendo a "erupção", e essa energia faz falta depois, no trabalho e na vida. Muita gente vive, de certo modo, como quem dirige com o freio de mão acionado, gastando assim tanta energia que não sobra nenhuma para mais nada.

É claro que também há pessoas que se medem por baixo, que jamais ultrapassam os restritos limites em que enquadram a si próprias. Também estudei economia industrial, onde se aborda a questão do *input* e *output*. Conheço funcionários que se empanturram de *input*, solicitam muito, mas não dão de si, absolutamente nada parte deles. Mas, com a medida certa, meu trabalho dá sua cota de produção em benefício da humanidade.

A este respeito, há um belo poema de Erich Fried:

Pequeno exemplo

A vida não vivida também chega ao fim,
como a pilha numa lanterna que ninguém usa.
Mais lentamente, com certeza...

Mas, que diferença isso faz?
Se (por assim dizer),
após muitos anos você quiser acendê-la,

não sairá nenhuma luz e, se você a abrir,
só vai achar seus ossos
ou, quem sabe, só o pó que resta deles.

E, assim como a lanterna,
você poderia ter brilhado!

Muitas pessoas têm um grande medo de desperdiçar sua energia, temem que sua vida jamais tenha luz e, com isso, estão o tempo todo insatisfeitas, porque sentem que nada dá certo e não há brilho em sua vida. A ideia de "mensura" também consiste em saber qual é a fonte na qual nutrimos nosso espírito e conhecer nossa medida e limites.

Temperatio, a medida certa

O segundo aspecto conceitual da medida, de acordo com São Bento, é *temperatio*, onde está implícito *tempus*, o tempo. Trata-se, portanto, de discernir a medida exata do tempo. O terapeuta suíço Carl Gustav Jung diz: "Quem trabalha dentro do ritmo, trabalha efetivamente". A natureza tem um ritmo, cada um de nós tem seu biorritmo, e devemos observá-lo. Muitas pessoas dizem que quanto mais forçam, mais produzem. Um diretor de um grande banco me contou que seu chefe presidia reuniões de dez horas sem parar – o que se pode obter de uma reunião de dez horas seguidas, a não ser, talvez, agressões?

Se trabalho fora do ritmo, desperdiço enorme quantidade de energia. Trabalhar no ritmo é muito produtivo e benéfico. É eficaz. Um importante recurso para se perceber o ritmo – o biorritmo particular de cada um – são os rituais. Os gregos antigos diziam que os rituais geram momentos sagrados. Sagrado é aquilo que se destaca do mundo, algo que pertence a mim e a mais ninguém.

Todos nós precisamos satisfazer expectativas, expectativas de empregadores, colegas, familiares, da Igreja e de outros grupos importantes em nossa vida. Vivemos sob a pressão da expectativa. Mas, se só satisfaço as expectativas dos outros, torno-me uma pessoa amarga. Os rituais são o antídoto. No ritual eu vivo por mim mesmo, em vez de viver em função dos outros. O momento sagrado é meu. Por exemplo, se, de manhã cedo, começo o dia com algo de que gosto, que me dá bem-estar, posso entrar em contato com minha fonte interior, posso ganhar forças. Os rituais também ajudam a mudar de situação, fechar uma porta e abrir outra. Eis o problema de muitas pessoas que voltam para casa no final da tarde: a família espera algo deles, mas sua presença é nula, continuam com a mente no trabalho, não fecharam a porta do trabalho. Mas é preciso fechá-la, seja durante o caminho de volta, seja no momento em que se abre a porta de casa. Tenho que deixar o trabalho e os problemas para trás, se quero ser presente no lugar onde entro.

A atual filosofia do tempo fala dos "simultantes", pessoas que fazem tudo de uma vez; enquanto andam, estão falando ao celular, pagando contas etc. Parece muito prático, só que, metaforicamente falando, essas pessoas estão sempre em lugar nenhum. Nunca chegam a lugar algum, nunca estão onde estão, estão sempre em outra parte. Isso não faz bem à alma.

Fiz, certa vez, uma palestra sobre este tema numa escola superior, depois conversei um pouco a respeito com o reitor e sua esposa. Ela disse ao marido: "Você prestou bem atenção ao que o Padre Anselm disse? Eu já lhe disse muitas vezes que, quando você está em casa, eu gostaria de conversar com você, e não com a escola em peso". Provavelmente era como se ela tivesse que conversar com todo o pessoal, mas ela queria conversar só com ele. É importante fechar portas, para que estejamos de fato onde estamos.

Discretio, a arte do discernimento

O terceiro conceito da medida é *discretio*, o saber discernir, uma virtude que Bento, em sua regra, exige principalmente do abade, o líder do mosteiro. Assim escreve ele: "[...] lembre-se ele do discernimento de São Tiago, que diz: 'Se fizer meus rebanhos trabalhar andando demais, morrerão todos num só dia'. Assumindo esse e outros testemunhos do discernimento, mãe das virtudes, equilibre tudo de tal modo que haja o que os fortes desejam e que os fracos não fujam" (Regra de São Bento, 64,18f).

Na *discretio* devemos desenvolver uma percepção daquilo que podemos e devemos cobrar de cada um. Fortes e fracos não devem ser observados no mesmo nível, na verdade os fortes devem ter condições de ganhar ainda mais força, sem desencorajar os fracos. Fortes e fracos não devem ser entrave uns para os outros; devem, sim, se completar mutuamente.

Como virtude apropriada aos líderes, a *discretio* consiste em perceber a medida certa para cada funcionário ou funcionária. Assim o trabalhador é estimulado, e não paralisado. É preciso distinguir as capacidades próprias de cada um, para estimular o valor específico de cada um.

Qualquer pessoa, forte ou fraca, tem sua força particular. O que, à primeira vista, nos parece fraco, também traz em si uma força. E o que nos parece forte também tem seu ponto fraco. É bom, portanto, que se harmonizem todos, fortes e fracos, de modo que os fortes sirvam à comunidade e os fracos não a paralisem. Assim, a *discretio* gera um clima bom para todos. Ela é uma bênção para cada um e para a comunidade como um todo. É, sem dúvida, a mãe de todas as virtudes; com ela despertamos a vida em nós, sem ela a obstaculizamos.

A beneditina Hildegard von Bingen também coloca em evidência a questão da medida certa. Diz ela: A medida certa coordena tudo, não divide apenas o trabalho, mas também organiza as partes do dia. A medida certa possibilita a organização do dia, do trabalho e da comunidade. Ela distingue o útil do prejudicial.

O ser humano tende a trocar o equilíbrio natural pelo excesso. Este excesso é hoje a causa de muitos males e doenças – cobrança desmedida sobre si mesmo é uma das causas de depressão ou *burnout*. É preciso reencontrar nossa própria medida.

A medida certa, porém, não tem nada a ver com mediocridade. Trata-se, na verdade, de identificar as forças, as fraquezas e os limites. A medida certa determina que conheçamos e respeitemos nossos próprios limites, bem como os dos outros e da natureza.

E há mais uma definição da medida certa, no âmbito do atual entendimento do mundo: Dentro do conceito de eficácia, trata-se de um termo-chave para a economia saudável e ecológica da nossa época. O manejo ponderado dos recursos naturais faz o ser humano viver em harmonia consigo mesmo e com a natureza (GRÜN & SEUFERLING, p. 44).

Prudência

A quarta virtude, segundo Platão, é a prudência, a capacidade de sentir o que é viável, o que é sensato numa determinada situação. O mestre Tomás de Aquino explica que o termo latino *prudentia* vem de *providentia*, providência, a *visão prévia*. Prudente é aquele que enxerga um vasto horizonte, podendo assim tomar decisões com visão ampla. Pessoas prudentes possuem uma intuição para aquilo que é possível e para o que é adequado no momento. Não querem sempre o melhor, porque, dependendo da circunstância, o melhor pode não ser *o melhor*.

O que é prudente agora, neste momento? Para saber, eu preciso de um amplo horizonte, preciso de *sapientia*, sabedoria, que vem do termo latino *sapere*, saber, isto é, provar, degustar, entender. Para os antigos romanos, sábio é aquele que prova e distingue sabores, que sabe "farejar", inclusive a si mesmo. Ainda hoje dizemos que uma conversa tem um sabor agradável ou ruim. Se posso sentir e entender a mim mesmo, algo de positivo emana de mim.

Segundo a Bíblia, a verdadeira sabedoria consiste em ver o mundo com os olhos de Deus, mas isso exige uma atitude ética. Sabedoria não é apenas o saber, mas também a disposição para ver o mundo com os olhos de Deus, o que só é possível àqueles que abrem seu coração.

A palavra alemã *Weisheit* (sabedoria) vem do verbo *wissen* (saber). Saber significa: olhar, ver, conhecer. Sábio é aquele que vê corretamente, que vê o mundo tal como ele é, que percebe sua estrutura. Em alemão, usamos muito o termo *Vielwisser* (o "sabe-tudo"), que é o oposto de sábio.

Sábio não é alguém que vê muita coisa, que olha com curiosidade para tudo à sua volta; sábio é, na verdade, aquele que vê a fundo, vê o que realmente interessa e, com sua visão, entende as interações do mundo.

Justiça, fortaleza, moderação e prudência são os quatro valores básicos que Platão definiu e que eu considero válidos até hoje. Só precisam ser constantemente atualizados. A seguir, lhes falarei dos três valores básicos cristãos, não em termos teológicos, mas no que se refere ao seu aspecto orientador.

1.3 As três virtudes cristãs

São Paulo definiu como ninguém as virtudes cristãs. Em seu texto conhecido como "Hino ao Amor", frequentemente lido nas cerimônias de casamento, se lê: "No presente permanecem estas três coisas: fé, esperança e amor, mas a maior delas é o amor" (1Cor 13,13).

Fé, esperança, amor – mais que um belo texto para casamentos, essas virtudes também têm seu significado na administração da vida.

Fé

Para os cristãos o primeiro valor básico é naturalmente a fé. Talvez vocês estejam pensando: "Faz favor, o que tem a ver fé com administração?" Neste sentido, posso citar três aspectos:

A fé liberta

Quem crê, sabe: "Eu tenho apoio". – O acerto de uma decisão que tomamos não depende só de nossas reflexões e inteligência. Se minha decisão, se meu trabalho traz benefício, isto não depende só de mim, mas também da bênção de Deus. A fé é a segurança de que Deus abençoa aquilo que faço. Isto me tranquiliza. Em vez de ficar o tempo todo ponderando quanto ao acerto das minhas decisões e suas consequências, eu entrego a Deus. Isso não quer dizer que devamos agir sem refletir e nada fazer por nossa conta. Faço o que me cabe, mas sem aquelas análises intermináveis e infrutíferas. A fé proporciona liberdade e independência interior. Se tenho em Deus a minha liberdade, não preciso me guiar pela opinião dos outros nem acertar em tudo que faço.

Fé é confiança

A fé em Deus, como criador de todos nós, deve se manifestar na fé nos seres humanos, como criaturas de Deus. São Bento diz que devemos ver Cristo em cada pessoa, em cada irmão, em cada irmã. Isto não significa que emanemos uma auréola rosada e só vejamos amor e graça em tudo. Não, eu vejo as pessoas tal como são, com todas as suas características e tendências negativas, mas não avalio por aí. Acredito na boa essência, portanto, posso ver e despertar o bem nas pessoas.

Com certeza vocês sabem que, se a sua empresa tem lideranças desconfiadas que só veem o que há de ruim, elas não despertam vivacidade nem criatividade nos funcionários, na verdade fazem com que eles procurem se proteger atrás do cumprimento sumário das regras e das "tarefas prescritas". Só com confiança podemos despertar vivacidade e criatividade.

Confiança também poupa energia. Nossa sociedade atual está viciada em medo, um medo que toma conta de tudo cada vez mais, tudo tem que ser controlado e protocolado para prevenir denúncias e censuras. Médicos e enfermeiros gastam 30% do seu tempo e energia preenchendo papéis.

Desde 01/01/2010 vigora na Alemanha a famigerada lei que obriga a documentar qualquer entrevista com o consultor bancário, que precisa assinar, para que eventualmente eu possa provar que fui mal-aconselhado. Eu é que não entro nessa loucura burocrática. Registrei-me como investidor profissional, porque não estou disposto a ter que cumprir essas regras prioritárias que só gastam energia e são carregadas de medo. Medo gasta energia, e muita.

Há muitas empresas em que tudo é controlado, o que não acrescenta nada, só nutre a falsa expectativa da infalibilidade. É um engano achar que se pode erradicar as falhas por meio do controle. Todo dia vocês podem ler no jornal: Na amplificação da ICE-Trasse de Munique a Nuremberg é tudo protocolado, mesmo assim há muito trabalho mal-feito. A usina nuclear de Fukushima é controlada, e o controle é documentado – vocês sabem no que deu. E a crise financeira? Todos os bancos e associações de investimento têm seus auditores, tudo é protocolado, e de que adianta?

Crer e confiar não é ser ingênuo, é gerar uma atmosfera onde as pessoas podem confiar umas nas outras. Confiança gera energia, com confiança o trabalho tem sentido e eficácia.

A fé dá forma ao falar

O poeta judeu Paul Celan certa vez disse: "Não há fé sem fala nem fala sem fé". Em muitas empresas se verifica um modo bem agressivo de falar. Basta pensar no que acontece no choque da concorrência, a agressão, a briga para nocautear o adversário. Mesmo no interior de uma empresa costuma-se falar em tons de crítica, julgamento, agressão, acusação e frieza. Falar friamente faz com que as pessoas se fechem, pois ninguém vai querer se congelar no gelo do outro. O Evangelista Lucas fala do evento de Pentecostes como um evento da fala, onde o Espírito Santo vem na forma de línguas de fogo que flamejam e aquecem. Dizem os santos padres: "A fala constrói uma casa". Se falo num tom de descaso, agressão, censura e desprezo pelas pessoas, construo uma casa onde ninguém vai querer entrar, muito menos morar. Um tom caloroso, no entanto, constrói um verdadeiro lar e abre o espírito das pessoas. Uma fala que vem do coração gera solidariedade e desperta energia na gente.

Eu, por exemplo, ministrei muitos cursos para o grupo Daimler AG. Quando abordávamos o tema da fala, os executivos diziam: "Sim, faz sentido. Temos líderes que falam calorosamente com seu pessoal, e dá gosto trabalhar com eles. Outros falam com frieza, e todo mundo evita chegar perto, para não ser agredido". Um deles chegou a dizer: "Com certeza, o nosso chefe fala calorosamente da boca pra fora, mas é artimanha dele. Em nosso departamento dizem com ironia: 'Ele o confunde de um jeito que você chega a pensar que ele está sorrindo quando contrai a face numa expressão irritada'". Ainda bem que aquele caso era uma exceção. Naturalmente, não é a esse tipo de fala "calorosa" a que me refiro.

Outro exemplo: Certa vez dei um curso numa instituição cristã, sobre o tema: "Liderança com valores cristãos". No começo todos se animaram – "Ah, sim, certamente nós lideramos com valores cristãos!" –, mas assim que entrei na questão do modo de falar, começou logo uma discussão acirrada. Uma senhora disse: "Então, para ser sincera, não estou muito de acordo. Só com o modo de falar frio dos negócios é que sou devidamente atendida". No decorrer da discussão, os participantes davam a entender que queriam, de fato, liderar com valores cristãos, mas, no fundo, sua expressão era anticristã.

Para que o nosso falar venha da fé não é preciso que recitemos o Credo na igreja, e sim que falemos para pessoas, sobre pessoas e com pessoas. Muita gente profere palavras piedosas e, mesmo assim, está expressando desprezo, crítica e censura. Que casa se edificará numa empresa onde se fala desse modo?

Esperança

O segundo valor cristão é a esperança. Esperança é diferente de expectativa. Expectativas podem decepcionar. Se você tem expectativas de resultado no trabalho, ou com relação a um funcionário, pode se decepcionar. Já a esperança nunca desaponta. Gabriel Marcel, um filósofo francês, diz: "Ter esperança significa que eu espero *para você* e *de você*". Não espero coisas específicas, a esperança é sempre pessoal, espero para alguém e coloco minha esperança em alguém. Paulo diz: "Se esperamos o que não vemos, é com perseverança que esperamos" (Rm 8,25).

Quem tem esperança pode esperar (e ganhar) vida. Ninguém pode ser pai ou mãe sem esperança, quem não tem esperança não pode conduzir uma empresa. Só onde há esperança pode surgir algo, só onde há esperança algo pode crescer. Dante Alighieri, o poeta italiano, diz: "Onde não há esperança é o inferno".

O filósofo ateu Ernst Bloch escreveu o famoso livro *O princípio da esperança*, onde se lê: "As coisas passam a ter valor a partir do momento em que sugerem esperança". Se o projeto de um arquiteto é bom, não fica só no papel e na teoria, passa ao estudo das viabilidades de concretização.

Na minha opinião, isto vale para qualquer empresa: É fundamental colocar esperança no serviço que prestamos, no departamento em que trabalhamos, em nossos produtos. Transmitimos esperança com nossos produtos? Esperança de autenticidade, segurança, qualidade de vida? Nossos serviços de consultoria transmitem esperança aos clientes? Para isso, temos que trazer cada vez mais novas ideias, encontrar novas soluções e, com ânimo, trilhar novos caminhos. A esperança deve ser o fundamento do que produzimos, do que fazemos e da forma como lidamos com as pessoas. É assim que se valoriza a vida.

Amor

O principal valor cristão é o amor. O termo, por si só, já soa como sublime, mas eu quero visualizar o amor também como *virtus*, isto é, fonte de força.

Vejamos um pequeno exemplo: Quando você entra numa reunião de diretoria, ou de funcionários, já com uma sensação do tipo: "Coisa mais chata, agora vou ter que ficar discutindo de novo com esses encrenqueiros que se julgam donos da verdade", pode crer que daí a duas horas você vai estar com dor de cabeça. Mas se você pensar assim: "Nem todos são fáceis de lidar, mas eu gosto deles e de trabalhar com eles", você logo verá como as ideias são passadas de um para outro como bolas no futebol e, depois de duas horas, você sai da reunião de cabeça fresca. Valores são fontes de força.

Na área psicológica, fala-se em transmissores de força e ladrões de energia. Uma reunião na qual eu entro com "boa vontade prévia" é um transmissor de energia. Uma reunião onde uns estão contra os outros e se desprezam mutuamente é um ladrão de energia. Infelizmente esses *ladrões* são ativos em muitas empresas.

Vocês podem ver que valores não são coisas que devamos ficar espreitando com sentimento de culpa. Não pretendo incutir sentimentos de culpa em vocês, mesmo porque isso não acrescentaria absolutamente nada, nem a vocês nem a mim. Não há novidade no que digo, só quero colocá-los em contato com aquilo que vocês já têm dentro de si. Cada um de vocês possui esses valores, essas fontes de força, que têm raízes em nossa alma. Só precisamos recuperar a lembrança e o estímulo do fato de estarem lá.

Procurem lembrar as situações em que se sentiram inspirados, nas quais vocês souberam: "Sim, este é o meu valor, minha fonte de força". Vocês podem confiar nesses valores. Considero importante preservar esses valores, especialmente em nossa economia atual. Valores otimizam a vida e as relações, dão qualidade duradoura às empresas. Seus valores são fontes das quais vocês sempre podem absorver forças, tal que, com seu valor e o valor que produzem trabalhando, vocês sejam uma bênção para todos.

Mais um pequeno comentário sobre amor: O amor sempre gera uma atenção amorosa, não só entre nós, mas também de nós para a natureza e as coisas que nos cercam. O amor à natureza nos faz valorizá-la e lidar atenciosa e eficazmente com ela, aproveitando seus recursos na medida certa.

Aliás, Bento escreve em sua Regra que se deve observar e manusear "todos os objetos do mosteiro e demais utensílios como se fossem vasos sagrados do altar" (cap. 31,10). Ser amoroso e atencioso é valorizar tudo que tem resultado prático e econômico: cuidar e preservar ao máximo os objetos, móveis e tudo o mais.

1.4 Podemos aprender a valorizar

Lembremos: Valorizar uma pessoa significa reconhecer o valor que *ela tem*. É o mesmo que dizer: Eu não comparo seu valor com o dos outros, percebo seu valor específico. Toda pessoa é valiosa e o valor de cada um está em sua individualidade e originalidade. Para nós, cristãos, cada pessoa é uma palavra única, uma palavra que Deus só pronunciou uma vez. A dignidade de determinada pessoa consiste, enfim, no fato de que ela manifesta neste mundo uma parte de Deus que só ela pode manifestar.

Costumamos confundir valorização com avaliação. Sempre estamos prontos a avaliar os outros e estabelecer um julgamento do seu valor. Calculamos se alguém é mais ou menos valioso. Mas esse julgamento não nos cabe. O problema é que costumamos desvalorizar os outros, principalmente quando não estamos seguros do nosso próprio valor. Quem se sente sem valor busca sempre autoafirmar-se, tenta ficar em evidência para que os outros o valorizem e tende a desvalorizar os outros para enaltecer a si mesmo. A valorização genuína, no entanto, não é um julgamento, mas uma manifestação de que eu reconheço o valor inviolável de cada um.

Padre Anselm Grün e eu, Paul Donders, nos entusiasmamos tanto com os efeitos da valorização que desejamos, neste livro, apresentar a vocês muitas ideias de como se tornar um mestre nesta arte.

Nossa atuação valorizadora no convívio com as pessoas depende de alguns fatores:

- › nossa visão do ser humano,
- › nossa vontade de demonstrar reconhecimento e
- › nossa maneira de manifestar reconhecimento.

Nossa visão do ser humano

O que me faz valorizar um ser humano? Só o que ele pode produzir (para mim)? Só o quanto ele compra (de nós)? Só o quanto ele me é útil? Ele só tem valor enquanto me agrada, enquanto não falha, enquanto é perfeito?

Um dos maiores maestros do mundo, Jaap van Zweden, tem dois filhos. Seu filho mais novo tem uma insuficiência intelectual, o que talvez seja a razão de continuar morando com Jaap e sua esposa. Numa entrevista pela TV, Jaap contou como, justamente por causa desse filho e da profunda relação entre os dois, ele se tornou artista e regente. Portanto, devemos um dos maiores maestros do mundo ao filho deficiente. Que imensa contribuição esse filho deu à música, ainda que, segundo uma escala de valores tão concentrada no lucro, ele obtivesse uma avaliação baixíssima.

Cada um de nós foi feito à imagem de Deus. Todos merecem o nosso reconhecimento, pois, através de cada um, existe no mundo um reflexo da natureza divina. Às vezes imagino a definição do ser humano como imagem de Deus da seguinte forma: Deus está diante de um espelho gigantesco, no qual sua imagem brilha tanto que o espelho se queima. Em seguida Deus quebra o espelho em milhares de pedaços. Cada um de nós é, portanto, um pedaço que reflete uma parcela totalmente particular da natureza de Deus. Ninguém, antes ou depois de nós, na história do universo, pode refletir da mesma forma esta parcela especial da natureza divina.

Em Is 43, o próprio Deus fala através do profeta:

> Eu te criei, eu te formei,
> eu te resgatei, chamei-te pelo nome.

Só assim eu sou, e cada um de nós é, infinitamente valioso.

Nossa vontade de demonstrar reconhecimento

Tal como a gratidão, a valorização começa a aparecer quando é manifesta pela fala ou por escrito. No período entre Natal e Ano-Novo, costumo revisar o ano que termina e visualizar o que inicia, fazendo um reconhecimento das prioridades. Para o ano passado anoto, em primeiro lugar, tudo pelo que sou grato, tudo que devo a diversas pessoas em situações diferentes.

Ponho no papel tudo que devo à minha mulher, a cada um dos meus filhos, meus amigos, parentes, colegas e clientes. As horas passam a jato e, no fim, eu tenho inúmeras páginas cheias de agradecimentos pelo ano que passou. E, de fato, minha gratidão cresce a cada minuto.

E não ficaria agradecido por tudo aquilo que anotei? Evidente que sim, mas, sem as anotações, o sentimento seria bem menor. Nós, seres humanos, somos tipicamente suscetíveis a irritações, e as registramos mais facilmente que as coisas boas. Assim também ocorre com a valorização. Se não tomamos conhecimento dela e não a expressamos (em palavras, por escrito, em símbolos ou atitudes), ficamos negligentes e nos esquecemos de valorizar a nós mesmos e aos outros.

Nossa maneira de expressar reconhecimento

A valorização começa a partir da visão. Olho para o outro com os olhos da fé. Não o qualifico em função do que vejo externamente, como vestimenta, porte físico e rosto. Vejo no fundo de sua alma e lá descubro nele um mundo intangível que, como ser humano, ele tem dentro de si. São Bento exortava seus monges a ver o próprio Cristo em cada pessoa, a descobrir o âmago do bem em cada um. A fé é, acima de tudo, um novo modo de ver: Eu vejo o valor dos outros, vejo neles o bem.

Esta fé depois precisa ser expressa em palavras, o que pode se manifestar no louvor. Em Alemão, fé (*Glauben*) e louvor (*Loben*) possuem a mesma raiz: *liob* = *gut* (bom). Na fé eu vejo o bem, no louvor falo do bem. Assim o bem se torna acessível a mim, que falo, mas também àquele a quem louvo. E fica acessível ao grupo. Se lanço o bem às pessoas de um grupo, o bem tem um efeito no grupo. Quem só lança às pessoas o que há de negativo também gera um efeito no grupo, só que esse efeito deprime e abaixa os ânimos.

Neste sentido em que estou falando, o louvor não é aquela costumeira conversa fiada pretensamente positiva. O louvor de que falo é:

- › Reconhecer,
- › Evidenciar,
- › Descobrir,
- › Solicitar e
- › Estimular

❯ particularidades positivas.

Outra forma de evidenciar valores com palavras é a bênção. "Bênção" vem do verbo latino *benedicere* (bem-dizer); portanto significa *dizer algo de bom, falar bem das pessoas e com as pessoas*. Muitos, no entanto, hoje se sentem amaldiçoados. Desde criança já são tratados com palavras negativas: "Você não tem jeito. Ninguém te aguenta. Você não é bom em nada. Você é um peso pra nós".

Quem ouviu essas palavras malditas anseia por palavras de bênção, vindas de alguém e de Deus. No batismo, Deus pronunciou sobre nós a grande palavra de bênção: "Tu és meu filho amado, tu és minha filha amada. Em ti me comprazo".

Se reconheço o valor de uma pessoa, eu a estou abençoando. Estou confirmando o bem nela. Se minhas palavras positivas têm fundamento, ressoarão na alma do outro, como dedilhando as cordas certas, e assim abençoando-o. Assim, meu reconhecimento inspira os outros, minha proximidade se torna viva e estimulante.

2

O que a valorização produz?

Quem manifesta reconhecimento diante dos outros, com palavras, olhares, gestos e atos, está produzindo algo. Transforma a atmosfera, abre um espaço para a percepção de valores, um espaço onde as pessoas se sentem valorizadas. Com suas palavras, ele constrói uma casa de valor, uma casa onde a gente tem prazer de morar. A valorização produz um efeito benéfico em todos que participam deste processo.

2.1 Como a valorização transforma quem é valorizado

Ter seu valor reconhecido gera no "receptor" do reconhecimento uma (positiva) reação em cadeia, conforme demonstra a pequena história a seguir:

O genial inventor Thomas Alva Edison precisou, segundo ele mesmo conta, de 10.000 tentativas para desenvolver a primeira lâmpada elétrica. Seu comentário a respeito: "Nunca falhei. Na verdade tive sucesso em 10.000 procedimentos que não deram em nada". De onde ele tirou essa incrível capacidade de perseverança?

Tenho uma teoria a respeito: Quando o pequeno Thomas, aos nove anos, realizou sua primeira invenção – assim ele contou mais tarde – seu pai a examinou e o parabenizou grandemente por seu desempenho. Também nos 20 anos que se seguiram, o pai de Edison observou as invenções do filho com grande atenção e sempre descobria algo a observar com louvor. Assim o jovem Thomas teve o privilégio de crescer num ambiente de valorização.

A valorização lhe deu uma base de autoconfiança que o capacitou a passar por dez mil tentativas frustradas sem desistir e a tornar-se um grande inventor. Quantos "Thomas Edisons" vocês encontram em seus ambientes profissionais e privados, a quem podem beneficiar com um autêntico reconhecimento?

Vejo nisto um lindo colar de pérolas, feito de palavras e pensamentos positivos, capaz de dar asas a alguém. É claro que não basta a gente demonstrar reconhecimento uma vez na vida. Mensagens costumeiras de reconhecimento precisam ser reiteradas com frequência, para que "caia a ficha" e a pessoa sinta seu efeito.

Isto vale principalmente para mensagens de valorização. Quem é constantemente desvalorizado sente-se sem valor, portanto não manifesta valores.

Valorização (*bene-dicere*)

☟

Meu valor é constatado.
("Minhas capacidades pessoais são definidas.")

☟

Minha autoestima se intensifica.
("Portanto, tenho valor.")

☟

Descubro minha natureza particular.
("Tenho meus dotes pessoais.")

☟

Descubro que...:
"sou 'desejado'!"

☟

Assentam-se as bases da minha autoconfiança.
("Eu posso e devo ocupar meu espaço.")

☟

Sei que posso assumir e desenvolver meus talentos.
("Tenho uma valiosa contribuição a dar.")

☟

Assim experimento uma crescente motivação intrínseca e amadureço cada vez mais como pessoa.

Quadro 1 A "reação em cadeia" da valorização

No entanto, aquele a quem valorizo se sente bem, reconhece o próprio valor, pode respeitar-se a si mesmo e desenvolver os valores que tem em si. A valorização engrandece quem a recebe, mostra o caminho que a pessoa deve seguir. Aquele a quem ajudei a encontrar seu rumo pode ajudar os outros no mesmo sentido. Mas aquele a quem deprecio ou rebaixo há de humilhar os outros.

Algo que vemos com frequência na sociedade são pessoas que não valem grande coisa rebaixando os outros para parecer que estão por cima. Diminuem os outros para se sentir grandes, depreciam os outros na tentativa de – dentro de sua baixa autoestima – acreditarem no próprio valor.

Há na Bíblia uma bela história sobre a elevação da autoestima, aquela que narra a cura da mulher encurvada (Lc 13,10-17). Está na sinagoga uma mulher que, há 18 anos, é tão encurvada que não pode se erguer, mal sustenta a si mesma. Arrasta-se, esmagada e envergada pela vida. Não percebe valor algum em si. Jesus a cura em quatro etapas. Na primeira, Jesus olha para a mulher, prisioneira dentro de si mesma, concedendo-lhe, assim, atenção. Dar atenção é dar valor.

Na segunda etapa, Jesus lhe fala. A palavra *prosphonein*, que se lê na versão grega desta passagem, significa exatamente: falar de igual para igual. Jesus não lhe fala de cima para baixo, não dá instruções, não diz o que ela deve fazer, mas dialoga com ela, trata-a com respeito.

A terceira etapa consiste na afirmação: “Mulher, estás curada de tua doença” (Lc 13,12). Jesus lhe dá uma garantia, afirma sua cura e salvação. Ele a faz ver aquilo que, mesmo extremamente envergada, ela já traz dentro de si, liberdade e remissão, força e poder, saúde e plenitude. Ele a põe em contato com seu próprio poder e sua dignidade pessoal como mulher sã, plena e livre.

Na quarta etapa, Jesus lhe impõe as mãos para transmitir seu poder, concedendo-lhe participar de sua força, de seu espírito. Pode-se dizer também: Jesus toca a mulher, para que ela entre em contato consigo mesma, com seu poder e sua dignidade.

Esta quarta etapa dá à mulher a capacidade de se erguer e louvar a Deus. Nisto Jesus também opera exatamente de acordo com a situação da mulher. As quatro etapas da terapia são a reação à doença. Jesus faz precisamente aquilo de que a mulher precisa para erguer-se e recuperar a si mesma.

Ele não emprega métodos técnicos para curar o encurvamento. A mulher entra em contato com seu próprio poder e capacidades porque Jesus olha para ela, lhe fala e toca. Assim ela própria se ergue. Ela, que era prisioneira em si mesma, percebe sua própria capacidade de se erguer. Ela se ergue, fica ereta e louva a Deus.

Em seu terrível envergamento ela também havia perdido sua relação com Deus. Agora ela louva a Deus. Agora ela faz aquilo que todos devem fazer no Sabá. Agora ela se tornou a mulher na forma que Deus lhe deu na

Criação: com dignidade, erguida e sintonizada consigo mesma, com as outras pessoas e com seu Criador.

2.2 Como a valorização transforma quem valoriza

Quem reconhece o valor dos outros recebe algo em troca. Sente-se bem. Se ajudo outras pessoas a seguir seu rumo certo, eu tenho a sensação de que "a conversa valeu!" Valorizar os outros compensa, beneficia também a mim. Se despertei vitalidade no espírito de outro, eu também fico vitalizado. Fico agradecido quando outra pessoa se sente bem por meu intermédio.

Naturalmente não devo dar valor só para elevar meu ânimo e me orientar. A valorização tem que fazer sentido, não pode ser um truque, um expediente. Quem valoriza de modo sincero, e assim fortalece a autoestima de outro, também se autorrealiza automaticamente. Isso me estimula a continuar tratando as pessoas de modo positivo. Se dou ânimo a alguém, eu mesmo ganho ânimo e alegria de viver. Sinto que, valorizando os outros, posso gerar um efeito, posso levar a outras pessoas uma parcela da salvação que Jesus nos deu em seu modo de curar.

Mas como, exatamente, a valorização opera em quem a transmite? Vejamos um exemplo do efeito da comunicação, observando uma situação simples: Duas pessoas se comunicam entre si, dois camaradas que certamente possuem muito em comum e são muito amigos, o Paul, um holandês de 55 anos, consultor empresarial, e o Albert, 56 anos, também holandês e consultor na mesma empresa, ambos homens visivelmente equilibrados.

Estudiosos da comunicação diriam: Se o Paul diz algo ao Albert, este, apesar de todas as afinidades entre os dois, só entende 50%, dos quais só grava 10%. Se ele só retém aleatoriamente 10% dos falsos 50%, a comunicação do Paul foi em vão, ou totalmente perdida. Para melhorar a comunicação, temos que dar o máximo de permeabilidade a três filtros do nosso cérebro, precisamente os três filtros que decidem quais informações passam e quais não passam. A antiga empresa química Hoechst (hoje Sanofi-aventis) uma vez pesquisou este fenômeno, documentando a pesquisa no estudo "Future 2000"; Victoria Griffith escreveu a respeito na edição 3/99 do *Hoechst-Magazin*, sob o título "Sem confiança não há lugar para a transmissão de conhecimento".

O filtro mais importante é: Confiança

Se o Albert confia no interlocutor Paul, seu filtro é permeável e permite que passe uma boa quantidade de informações. Do que o Albert precisa para confiar no Paul?

› Ele precisa saber quem é o Paul e se o Paul é bem-intencionado.

› Ele precisa crer que aquilo que o Paul diz é, em regra, digno de crédito.

Então, se o Paul normalmente valoriza o Albert, a confiança que o Albert tem nele aumentará naturalmente. Mas a autoconfiança do Albert também aumenta, através da valorização. Ambos contribuem para que o "filtro confiante" do Albert se abra na presença do Paul.

Em segundo lugar de importância, o filtro é: Consideração para com os outros

Se o Albert sente que o Paul o respeita, não precisa temer nada que venha dele. O respeito reduz o temor. Se meu interlocutor me respeita, eu me valorizo, respeito a mim mesmo, orgulho-me do que sou. Assim abro meu filtro e ambos sentimos que "nós nos entendemos". Percepções como "eu sou entendido" e "nós combinamos" fazem um bem incrível, não só a quem as constata, mas também a quem as proporciona.

O terceiro filtro é: Utilidade

Se o Albert ouve uma longa história do Paul e, após cinco minutos, se pergunta: "De que me serve tudo isso?", ou pensa: "Isso não tem absolutamente nada a ver comigo!", assim se fecha o filtro no cérebro do Albert e ele não entende corretamente o que o Paul está tentando transmitir.

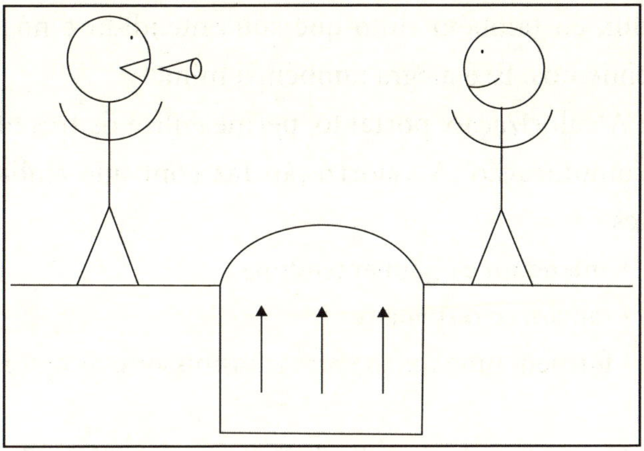

Quadro 2 Os três filtros da comunicação

Todos nós conhecemos situações assim, como, por exemplo, uma palestra maçante no ambiente de trabalho ou um sermão não muito inspirado na manhã de domingo: daí a poucos minutos ficamos tão cansados que mal podemos nos concentrar e nossos pensamentos se voltam cada vez mais para uma conversa de ontem, o que se vai fazer à tarde, as próximas férias... Pode ser que os filtros se fechem no ato, e assim fica difícil vocês entenderem o que o orador diz.

Mas, se o orador valoriza seu público, prepara-se devidamente. Ele se pergunta: Quem são meus ouvintes? O que os torna valiosos? O que os torna originais? De que modo posso ser útil ao seu desenvolvimento pessoal e/ou profissional?

Com esta atitude valorizadora, sinto muito mais rápido o clima do público, entro em sintonia com ele. Torna-se fácil fazer soar as "cordas" dos ouvintes e, como orador, eu também sinto que sou entendido e nós nos entendemos. Isso alegra também a mim.

A valorização, portanto, permeabiliza os três filtros da comunicação. A valorização faz com que ambas as partes

› entendam e sejam entendidas,
› saibam se respeitar e
› formem uma união entre transmissor e receptor.

2.3 Como a valorização influi na organização

Uma virtude pessoal pode realmente influir numa organização? Sim, estamos convencidos disso, e já o constatamos como treinadores e consultores. A presença viva e a prática da valorização, ou a negligência da mesma, influem grandemente na cultura e no êxito ou fracasso de uma organização. Numa organização onde as pessoas são valorizadas, trabalha-se com prazer. Com isto, a própria organização ganha valor.

A desconsideração dos valores já é uma expressão de baixa autoestima e desprezo pelos outros. O desprezo desvaloriza uma organização. A valorização, pelo contrário, enche a organização de um clima positivo. Num clima de valorização desaparece o medo ante os líderes, bem como o medo recíproco entre colegas. O líder que demonstra reconhecimento é bem-atendido entre os funcionários. Isso muda a atmosfera.

Estabelece-se uma atmosfera na qual cada um pode se concentrar no que faz. Ninguém precisa ficar mostrando serviço o tempo todo, ninguém perde tempo com recursos de defesa e prevenção. Todos estão livres para se dedicarem às suas tarefas e as realizam bem. Dá gosto trabalhar numa atmosfera assim, e trabalha-se mais. Portanto, a valorização gera um clima onde o funcionário trabalha bastante e com sucesso. Por fim, a valorização também propicia melhores resultados financeiros. No Quadro 3, a seguir, as setas apontam, sempre nos dois sentidos, é o circuito da valorização ativa e regular entre os elementos envolvidos:

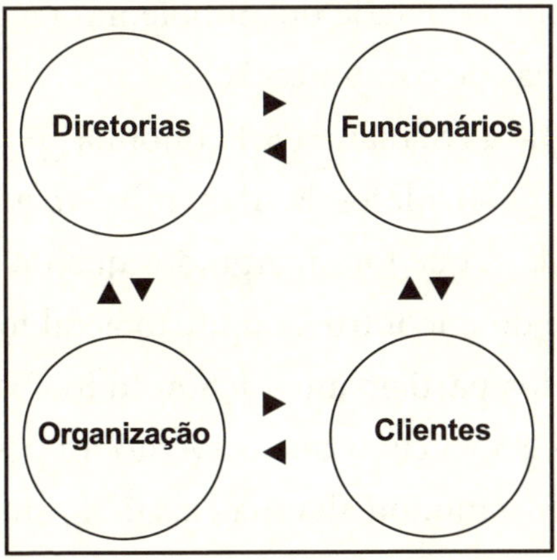

Quadro 3 O circuito da valorização

Conforme ilustrado acima, tanto para o prestador do serviço quanto para o cliente, a valorização sempre gera um efeito positivo em termos de:

› Autoconfiança,

› Respeito próprio,

› Confiança mútua,

› Entendimento mútuo,
› Comunicação aberta,
› Disposição ao aprendizado mútuo,
› União.

Vocês mesmos podem estender esta lista de resultados positivos... – eis mais uma pequena reflexão a respeito:

Se, num convívio positivo (como no caso do Albert e do Paul), 50% do que se diz é malcompreendido, e num convívio ruim chegaria a 90%, vocês podem imaginar que, no mínimo, metade dos problemas na organização se deve a falhas de comunicação.

Em 2001, a "Semana da Economia" promoveu um encontro de 7.000 líderes da Alemanha – *o país da ordem e da seriedade* –, que foram arguidos quanto à qualidade e efetividade do encontro. A opinião geral foi catastrófica: metade dos participantes achou tudo absolutamente sem sentido, 85% achou que o evento foi pessimamente preparado. Isso mudou alguma coisa? A princípio, achamos que não.

Mas se, aplicando o circuito da valorização no diálogo, conseguíssemos melhorar a comunicação em apenas 20%, isso pouparia uma energia imensa que antes era gasta em irritação e incompreensão.

Portanto, a vivência da valorização não só melhora a atmosfera, mas também eleva a eficácia do diálogo produtivo. Se duas pessoas se valorizam mutuamente, abrem, uma para a outra, seus filtros da comunicação, ouvem uma a outra com sincero interesse, estabelece-se um diálogo verdadeiro e produtivo.

Aqui um exemplo: Sylvia e Vivian se comunicam num clima de valorização mútua. Sylvia diz a Vivian "A", Vivian ouve "A", entende "A" e completa "A" com uma informação adicional na forma de "B". Sylvia ouve e entende "B" como um interessante acréscimo. Isso gera novos complementos, "C" e "D", que se originam de "A" e "B". As duas interlocutoras adquirem cada vez mais *informação* e mais a *verdade* se revela.

O diálogo produtivo possibilita inovação, sinergia, trabalho produtivo entre funcionários e clientes, funcionários e colegas, funcionários e líderes, departamentos e outros departamentos.

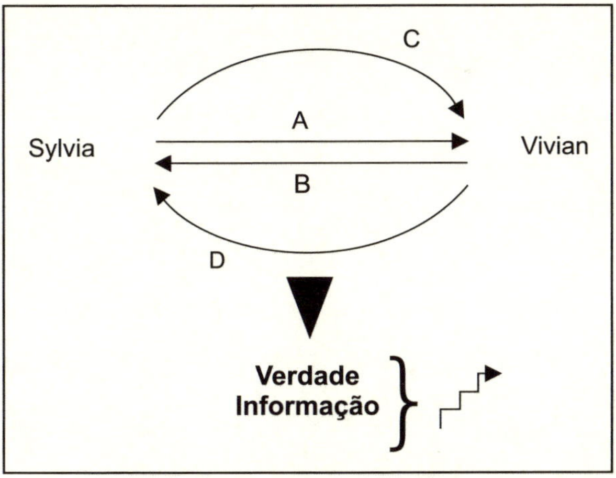

Quadro 4 O diálogo produtivo

Assim, se desenvolvemos e estabelecemos uma cultura de valorização constante, nossa organização se torna:

› mais produtiva;
› mais inovadora;
› mais simpática aos clientes;
› mais agradável aos funcionários;
› mais motivadora e, com isto;
› bem-sucedida.

3

Como expressar valorização?

O reconhecimento do valor precisa ser mostrado. Podemos restringir a manifestação do reconhecimento às capacidades físicas humanas, tais como o pensamento, a fala, a visão/atenção e o ato. Posso expressar reconhecimento através da maneira conforme penso, por meio de palavras, pelo olhar e ações, elogiando alguém que obteve um aumento ou uma promoção.

Mas a valorização também pode se manifestar por meio de atitudes e virtudes. Para que minhas atitudes junto às pessoas absorvam essas atitudes básicas, eu preciso exercitá-las. No âmbito da valorização, descobriremos seis virtudes associadas:

1) Consideração e atenção;
2) Respeito;
3) Amabilidade;
4) Gratidão;
5) Afabilidade;
6) Reconhecimento.

3.1 Consideração e atenção

A atitude valorizadora não diferencia as pessoas "importantes" das "não importantes", não leva em conta posições hierárquicas, nem faz discriminação entre proeminentes e anônimos.

A valorização é uma atitude tão convicta da unicidade e dignidade de cada um que o interesse é voltado diretamente àquele com quem estou no momento. É, portanto, de grande importância acostumarmos nossos olhos e ouvidos a serem efetivamente (não só eventualmente) atentos às questões e necessidades de nossos semelhantes.

No convívio com outras pessoas, aqueles que são assim atentos e solícitos não se restringem às próprias necessidades, prioridades, categorias e posições; pelo contrário, as pessoas atenciosas ocupam ativamente seus postos para liderar e ajudar os outros.

Quando se sentam à mesa, vocês não se preocupam em garantir suas porções, mas ficam atentos para servir alguém. Imaginem uma refeição onde todos assumem essa atitude. Seria muito agradável partilhar uma comida nesse ambiente, onde logo se estabelece uma atmosfera positiva e a conversação tem conteúdo, pois todos os presentes sentem-se valorizados. Se você é, à volta da mesa, uma dessas pessoas menos atenciosas e pouco gentis (que, infelizmente, sempre aparecem), mesmo assim poderá agir de modo a contribuir para a "humanização" do ambiente. Quem é atencioso capta muito mais, mesmo que a informação não lhe diga respeito. Uma pessoa atenta não tem a menor dificuldade em captar os principais dados de seus interlocutores, e grava facilmente:

› nomes,
› nomes dos maridos e esposas

› nomes e idades das crianças
› *hobbys* e interesses.

Valorize os outros e a você mesmo! Seus semelhantes merecem. Também para mim isto é um dos maiores desafios. Em função do meu trabalho, eu vejo e falo anualmente com uns 350 novos conhecidos. Assim, como treinador e consultor, conheci aproximadamente 7.000 pessoas nos últimos 20 anos, com seus rostos, histórias e indagações. Não tenho como gravar todos os rostos, nomes e sobrenomes e, no entanto, o nome é tão importante para cada um.

Assim sendo, recorri a alguns métodos para decorar os nomes e gravá-los, pelo menos, por alguns dias (assim, durante um seminário). Quando alguém se apresenta num grupo, eu anoto seu nome acompanhado de um símbolo que me faz lembrar o momento em que ouvi a pessoa falar de si mesma. Eu, realmente, memorizo melhor um nome associado a um símbolo do que somente à face.

Se trabalho com um grupo de 10 durante dois dias, à noite procuro repetir seus nomes de cor. Decorar nomes é um bom treinamento mental, mas, acima de tudo, um serviço que prestamos às pessoas com as quais trabalhamos.

3.2 Respeito

No capítulo anterior, observamos a atenção para com os outros como um importante filtro no processo da comunicação. Agora vamos ver o respeito, como uma atitude na qual a valorização se manifesta.

Atualmente, o que entendemos por respeito é, sobretudo, a atenção para com os outros. Muitas vezes também acrescentamos à ideia de respeito o sentimento de reverência, ou mesmo de temor, diante do que há de desconhecido em alguém. A palavra *respeito* na verdade se origina do verbo latino *respicere*, que significa *rever*, *tornar a observar*. Portanto, a tradução literal de *respeito* seria *retrospecto*.

Respeito significa observar os outros sem preconceito

No sentido de "observação retrospectiva", o *respeito* funciona assim: Não me baseio na aparência inicial. Não interpreto uma pessoa pela primeira impressão que tive dela, mas continuo observando. Para conhecer o valor dos outros, procuro observá-los atentamente.

Torno a observar, volto-me para a pessoa, dirijo-me a ela mais uma vez, falo-lhe com toda calma. Desligo-me da primeira impressão, para ver o outro com os olhos da fé. Desfaço-me do preconceito e procuro observar com isenção, com olhos conscientemente voltados para o valor da pessoa.

Todos nós temos aquele olhar indisposto à revisão, aquele que avalia, que classifica e não tarda a colocar rótulos. Exercitar o respeito é deixar de lado todas essas visões preconcebidas, renunciar ao nosso modo de ver as coisas e passar a observar com atenção para ver quem é realmente aquela pessoa específica.

Durante uma noite de 1976, pude ver com clareza o quanto o respeito é importante. Lembro-me bem: Minha mulher, Sylvia, e eu estávamos em frente a uma bela casa antiga em Haia. Tivemos ótima impressão do lado de fora e estávamos ansiosos pelo que veríamos lá dentro. Éramos como jovens *hippies* recebidos por um conde e sua condessa. O casal anfitrião estava na casa dos 60, e eles eram muito afetuosos com gente jovem.

A porta se abriu, descortinando uma sala de visitas toda mobiliada à inglesa. O dono da casa nos recebeu com um sorriso amigável, deu a mão primeiramente à minha mulher, depois a mim, e nos convidou a entrar. O conde nos ajudou a retirar nossos casacos, acompanhou-nos à sala e nos apresentou sua mulher, a condessa. Ela, como autêntica dama, nos fez ver que éramos calorosamente bem-vindos e que havia preparado a noite especialmente para nós. Logo sentimos um grande bem-estar, como pessoas respeitadas e valorizadas.

Também recordo um pequeno constrangimento: Fomos para a mesa e ocupei imediatamente o lugar a mim destinado. Gentilmente, mas sem rodeios, o conde indicou que as damas deviam sentar-se antes dos cavalheiros. Naturalmente, me levantei de pronto, para logo tornar a sentar-me àquela mesa adoravelmente preparada. Entretanto, aquela noite foi uma bênção. Ao final, os dois nos perguntaram se podiam rezar por nós, oferecendo-se para fazê-lo também no futuro.

Pouco depois regressamos à Alemanha, onde já vivíamos e trabalhávamos há 22 anos. Todo Natal chegava uma carta com cumprimentos e bons votos daquelas pessoas tão especiais. Amigos que os conheciam bem me contaram que os dois continuavam a rezar por nós diariamente. Que boa-vontade, cheia de respeito e abnegação, eles nos dedicaram! Algum tempo depois de nosso retorno a Holanda, eles faleceram. Seu estilo de vida é um legado que mostra a muita gente o que é ser uma pessoa inspirada por Cristo!

Respeito é uma necessidade básica

Respeito não é só uma virtude pela qual posso servir ao bem-estar das pessoas. Ser respeitado é também uma necessidade primordial do ser humano, o que se demonstra por si nos ambientes onde menos se espera: No mundo dos videoclipes, na música e na dança dos *streetboys*, por exemplo, torna-se claro o que vai na cabeça daqueles jovens de calças folgadas: eles brigam por respeito. Suas roupas, seus movimentos, seus textos não dizem outra coisa a não ser: "Pô, me respeite!"

Mesmo assim, em seus clipes, tratam desrespeitosamente as garotas e as pessoas que os cercam. Usam linguagem banal, até antissocial, que desvaloriza e deprecia as mulheres. Reclamar respeito e entendimento sem demonstrar respeito e entendimento é, para mim, um comportamento extremamente antissocial, que se revela em modos grosseiros e desrespeito generalizado, chegando a beirar expressões, pensamentos e atitudes de aspecto fascista.

Assim vemos rapazes e garotas que, no cúmulo do desrespeito, extorquem dinheiro de outros jovens, roubam celulares, comerciam drogas e depreciam os outros com palavras de escárnio. E tudo isso por falta de autoestima e querendo obter à força o respeito dos outros. Antissocial demais! Portanto, toda forma de terrorismo é o cúmulo do comportamento antissocial, e todo tipo de comportamento antissocial é uma afirmação do terrorismo infantil, inclusive a negação da dignidade alheia. Por trás do comportamento antissocial oculta-se um profundo desejo de ser respeitado.

O extremo oposto disso foi o modo de viver de Madre Teresa, uma mulher pequena da pequena Albânia, um país onde os cristãos, sob o regime comunista que vigorou de 1945 a 1990, não só eram tratados com plena falta de respeito, mas também perseguidos. Essas cristãs, não respeitadas por causa de sua fé, ingressaram numa ordem religiosa e foram para a Índia, para servir as pessoas. Seu credo era: "Eu tenho um grande respeito por todas as pessoas em todas as situações da vida!"

Ela viu moribundos, gente despojada de toda dignidade estendida em becos, e os acolheu, juntou-se a eles, para dar-lhes um ambiente de pleno respeito na última fase de suas vidas. Por seu exemplo e seu decisivo modo de viver, sua autoridade cresceu a tal ponto que quase todos os líderes do mundo a recebiam com prazer e ficavam impressionados com ela. Assim, a partir de seu respeito próprio, crescia seu respeito pelas pessoas, inclusive pelos mais fracos e mais miseráveis e, justamente em função disto, ela obteve o respeito dos poderosos.

Respeito pode ser aprendido e ensinado

Respeito é uma convicção interna e uma atitude que vem da consciência de que cada ser humano tem uma personalidade única e uma única história, um único modo de ser e uma vocação única. Portanto é correto reconhecer e, quando necessário, apoiar e defender a dignidade de cada um. O respeito se manifesta quando eu honro a todos e dou suporte à sua autoestima.

O especialista em administração Burt Nanus explica, em seu livro *Visionäre Führung* ("Liderança visionária"), como um líder pode evoluir para melhor. Ele aconselha inclusive no sentido da boa educação dos filhos, pois, segundo ele, uma liderança saudável se desenvolve onde os talentos inatos e a boa educação se combinam. Não é à toa que dizem na Inglaterra que são necessárias duas gerações para formar um autêntico *gentleman*, e cinco para formar uma verdadeira *lady*.

Em conexão com nosso tema, é interessante citar as recomendações de Nanus para a atuação saudável dos líderes, referentes, neste caso, ao convívio com os filhos.

1) Trate os filhos com dignidade e respeito.

2) Dê a eles condições para desenvolver diversas capacidades.

3) Ensine-os a assumir responsabilidade por seus atos.

4) Elogie-os significativa e merecidamente.

5) Manifeste respeito e admiração pelo progresso de suas capacidades.

6) Incentive sua imaginação e criatividade, pois estas são as fontes de suas visões e sonhos, que formarão a base de sua vida como adultos, talvez líderes como você. Construa castelos no ar e com eles você criará novas histórias.

7) Exercite a capacidade comunicativa de seus filhos, tanto verbalmente quanto por escrito, encoraje-os a participar de peças teatrais, escrever diários ou cartas e participar das conversas à mesa. Seja, sobretudo, um bom ouvinte.

8) Transmita a seus filhos o gosto pela descoberta e pelo aprendizado. Ofereça-lhes oportunidades de vivenciar experiências diversas.

9) Ajude seus filhos a descobrir e desenvolver seus próprios talentos. Crianças seguras de si mesmas não desperdiçam tempo e energia imitando os outros.

10) Conte aos seus filhos histórias de grandes e pequenos líderes que assumiram responsabilidades. Desafie-os a contribuir com sua parte para o bem-estar do ambiente em que vivem.

Como vocês podem ver, todos estes itens têm a ver com respeito. Quem já é respeitado na infância pode desenvolver respeito próprio e aprende a respeitar os outros.

Parêntese: a espiral do desrespeito

Em seu livro *Respeito - A arte da valorização mútua (Respekt - Die Kunst der gegenseitigen Wertschätzung)*, o beneditino Mauritius Wilde define o seguinte conjunto de falhas como "a espiral do desrespeito":

A espiral do desrespeito:
› desatenção
› desconsideração
› desdém

"Qualquer falha de atenção é uma forma de desrespeito. Uma forma atenuada, porém seguramente destrutiva, é a *desatenção*. É quando somos deixados de lado, quando alguém encontra um grupo e cumprimenta a todos, menos a mim, ou deixam de lembrar meu nome diversas vezes. É muito desagradável.

A *desconsideração* é ainda pior, pois não se deve a um simples descuido ou distração. Desconsideração é uma atitude intencional. É quando alguém me ignora de propósito, é a exclusão deliberada da pessoa e de sua competência, o que já é um indício de malquerer.

Por fim, a pior forma de desrespeito é o *desdém*, que nega aos outros qualquer bem e qualquer direito. Desdém é uma genuína forma de agressão. Manifesta-se em palavras ou atos, desconsiderando a dignidade das pessoas e as rebaixando.

A definição dessas três falhas nos ajuda a avaliar o grau em que alguém pode se sentir desrespeitado. Se alguém é desatento com a gente, não devemos entender como 'desdém'. Assim estaríamos aumentando as coisas. O desagrado de uma desatenção pode não me atingir, como a chuva não me atinge quando estou de capa. Qualquer um pode se distrair uma vez ou outra, inclusive eu. Ser ou estar atento é uma grande arte, para a qual nem sempre estamos predispostos.

A desconsideração, por sua vez, requer uma autodefesa ativa. Preciso me escudar, ou intervir. É raro acontecer, mas acontece. A desconsideração é uma atitude infame da qual não é fácil a gente se livrar. Portanto, a primeira coisa a fazer é recobrar meu respeito próprio, para recuperar o equilíbrio e voltar à ação.

O desdém ocorre – graças a Deus! – muito raramente. Muitas vezes a desatenção leva à desconsideração. A desconsideração prolongada leva ao desdém, portanto é preciso cortar o mal pela raiz, preservando a consideração. Os nazistas desdenharam os judeus, mas a tragédia começou a partir de pequenas desconsiderações. Só com a contenção enérgica do mal, com o auxílio solidário, a união e a firme segurança do próprio valor é possível combater o desdém."

Ao contrário da espiral do desrespeito, que cresce destrutivamente para baixo, o respeito constrói, cresce e faz crescer, e, como uma árvore, gera valiosos frutos.

O respeito cresce como uma árvore

Enfim, a minha visão do ser humano forma a base do meu respeito próprio. Na cultura judaico-cristã este pensamento é intensamente frisado: Minha dignidade é dada por Deus, que possui a maior de todas as dignidades. Se Deus é para mim a pessoa de maior integridade e poder deste universo, então ele também é a pessoa de maior valor que existe. Se esta pessoa infinitamente valorosa me respeita, então me dá dignidade, então eu mesmo sou evidentemente muito valioso. Isto vale para todas as pessoas de todos os tempos. Portanto, na cultura judaico-cristã a dignidade humana é uma visão de mundo inviolável.

No Salmo 8, versos 5, 6 e 7, se lê: "[...] o que é o homem, para que te lembres dele, e o ser humano, para que dele te ocupes? Tu o fizeste um pouco inferior a um ser divino, tu o coroaste de glória e honra; deste-lhe o domínio sobre as obras de tuas mãos, tudo submeteste a seus pés".

No livro de Gênesis, o primeiro da Bíblia, lê-se, após a menção da criação do homem à imagem de Deus: "E Deus viu tudo quanto havia feito e achou que era muito bom" (Gn 1,31).

Independente de Deus ou a Bíblia terem ou não relevância em sua vida, o fato é que a visão de mundo judaico-cristã é indiscutivelmente marcada pela inviolabilidade da dignidade humana, distinguindo-se nitidamente de outras visões de mundo, segundo as quais o ser humano é indigno perante Deus, ou mesmo um escravo.

Uma boa simbologia de como o respeito se desenvolve e se manifesta é a árvore. Até a maior das árvores começa a partir de uma pequena semente, que cai na boa terra e começa a crescer como um vegetal tenro e frágil. Ao longo do ano crescem as raízes na base, e acima cresce o tronco. Entre verão e inverno, o tronco vai crescendo, ora mais rápido – conforme mostram os anéis claros, que dão flexibilidade à árvore – ora mais devagar – conforme mostram os anéis escuros, que lhe dão estabilidade. Daí a um ano já está dando frutos. E, se é bem-regada, adubada e, se necessário, podada, dá frutos excelentes.

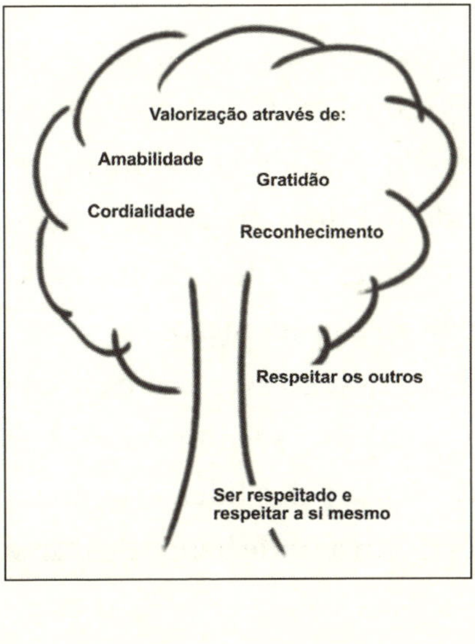

Quadro 5 A árvore da (auto)consideração

As raízes têm uma grande influência na qualidade dos frutos: O respeito frutifica na personalidade de uma pessoa quando ela é respeitada, e o fruto é o respeito que ela vem a ter pelos outros. Mas alguém que cresce num ambiente onde o respeito é imposto pela *lei do mais forte*, também vai procurar ser respeitado intimidando os outros.

O respeito genuíno possibilita uma vida com dignidade. Uma vida digna também é uma meta fundamental da existência humana. Respeitado é aquele que respeita. Em sua Epístola aos Romanos, Paulo nos desafia: "Rivalizai na mútua estima" (Rm 12,10).

Eu mesmo, como líder, atuo no sentido de possibilitar aos meus funcionários o encontro de seus respectivos caminhos individuais e únicos. Tratando-os com tal respeito, demonstro reconhecimento de seu valor e dignidade. Isto motiva as pessoas a darem o melhor de si e desenvolverem seus talentos.

Se respeito sinceramente meus colaboradores, serei bem-atendido; se os motivo com satisfação, se os acompanho e oriento no sentido de se ajudarem mutuamente, organizando e orientando reuniões produtivas, assim minha atuação jamais será cínica ou desdenhosa, mas sempre encorajadora e plena de consideração.

Outra razão para o líder desenvolver um estilo de vida respeitoso é porque o respeito se transmite. Se o funcionário sabe que é respeitado pelos líderes, também respeitará colegas e clientes. Num grande banco de Hamburgo, foi feita, há alguns anos, uma pesquisa sobre a cordialidade no trato entre caixas e clientes. Verificou-se que o atendimento respeitoso duplicou os rendimentos do banco!

Agora que já falamos das raízes (ser respeitado e respeitar a si mesmo) e do tronco (respeitar os outros), passemos então aos frutos.

3.3 Amabilidade

Amabilidade ou cordialidade (*Höflichkeit*) define originalmente o comportamento adequado à vida comunitária (*Hof* = aldeia, cidadela, corte etc.), não só no espaço rural (*Bauernhof*), mas também na corte (*Hof*) de um rei ou imperador. "Amável" ou "cordial" (*höflich*) significa, portanto, adequado ao ambiente (*hofgemäss*), fino, educado, de bom-tom. Com o tempo, a palavra alemã *höflich* passou a significar também *zuvorkommend* (solícito, atencioso), isto é, aquele que dá atenção aos outros. É a gente se comportar, seja onde for, como se estivesse na corte de um rei. É lidar com as pessoas à nossa volta como se fossem todas nobres com dignidade inviolável. A amabilidade sempre é, portanto, uma expressão da valorização.

Em sua obra *Tugenden: Meditationen über Gestalten sittlichen Lebens* ("Virtudes: meditações sobre formas de vida ética"), Romano Guardini dedicou a este tema um capítulo inteiro, no qual ele explica a associação entre amabilidade e cultura:

“‘A cultura não se forma com imposição e domínio, mas com liberação e abertura’. A pessoa cordial ou amável respeita o espaço alheio, evita a invasão da privacidade, permite que os outros respirem, reconhece o que eles têm de bom e demonstra seu reconhecimento, não se vangloria, guarda seus méritos para si, evitando assim incutir complexos de inferioridade nos outros. A amabilidade afasta – ou vence – os infortúnios, evita constrangimentos, resolve situações difíceis, alivia as dificuldades, leva o jovem a respeitar o velho, o homem à mulher, o mais forte ao mais fraco” (GUARDINI, p. 121).

Guardini conclui com uma reflexão sobre aquela dignidade que cabe unicamente à pessoa humana: “Por fim, devo frisar mais um aspecto: A cordialidade é bela e faz bela a vida. Ela é ‘forma’, isto é: atitude, gesto e ato, que não só realiza objetivos, como também traz à luz um fator valioso por si só, a própria dignidade humana” (GUARDINI, p. 123).

Amabilidade é o primeiro fruto da árvore do respeito. É uma virtude que só se desenvolve lentamente e requer prática intensiva. O exercício da amabilidade já começa por volta da idade de dois anos, justamente quando o pequeno ser humano descobre sua vontade própria. Naturalmente, também é importante que a criança aprenda a tomar suas decisões, assumindo as consequências. Isto é essencial para que se torne um adulto saudável e seguro de si. Mas também surge um campo de tensão entre a minha vontade e a dos outros.

Quem mima seu filho, o torna desrespeitoso para com o resto do mundo. Anos e décadas depois, vem o comportamento antissocial, no qual a criança grande (mesmo que já esteja na casa dos 40) age de modo agressivo e insolente, só pensa em si mesmo e se julga tão digno de pena que não crê que possa ser nada além de grosseiro e desrespeitoso.

Com certeza, todos nós fomos mais ou menos mimados na infância. Encontra-se mais cordialidade naquelas pessoas que se tornaram prestativas na escola. Há pessoas que receberam uma tal educação que a cordialidade e o respeito lhes são quase inerentes. Mas inclusive estes precisam ativar constantemente a virtude da cordialidade.

Um grande número de pessoas valoriza o esforço de objetivar esta virtude e aplicá-la concretamente. Para quem tem esta tendência, eu sugiro fazer o seguinte autoteste: Se você pensa assim seriamente, copie o formulário abaixo e peça a três amigos que deem notas à sua cordialidade. Isto é muito importante, porque nós mesmos nos julgamos logo gentis e amigáveis, só que nossa autoimagem costuma ser cega para algumas coisas.

Autoteste: Como está sua amabilidade?

Marcar notas de 0 a 5 para o grau de desempenho de cada item relacionado.

	5	4	3	2	1	0
Afabilidade						
Sempre sou afável com meus amigos.						
Sou afável com desconhecidos.						
Trato com respeito e simpatia inclusive as pessoas que me irritam.						
Pessoas do meu ambiente sabem que, perto de mim, podem se sentir à vontade.						
	5	4	3	2	1	0
Cumprimentos						
Numa sociedade privada, sempre cumprimento primeiramente as senhoras, depois os senhores.						
Dou um firme aperto de mão, olhando a pessoa amigavelmente nos olhos.						
Cumprimento as pessoas "menos importantes" com o mesmo respeito que as "importantes".						
Na chegada e na saída, dou a mão a cada um, caso seja adequado à circunstância.						
	5	4	3	2	1	0
Atenção						
Para mim, não existem pessoas sem importância. Percebo rapidamente as necessidades dos outros, reajo amigavelmente e cuido para que sejam atendidos.						

Consigo gravar bem os nomes dos outros, por exemplo, repetindo-os mentalmente umas dez vezes, logo após ouvi-los.						
Dirijo-me aos outros pronunciando corretamente os seus nomes, porque os registro bem.						

	5	4	3	2	1	0
Pontualidade						
Calculo meu tempo de ida a um compromisso, de tal modo que eu chegue no mínimo 5 minutos antes da hora marcada, mesmo que haja um grande engarrafamento no trânsito.						
Sempre sou pontual, seja qual for o "grau de importância" do compromisso.						
Se eventualmente me atraso, eu telefono dez minutos antes da hora marcada, para dizer a hora em que devo chegar.						
Sempre chego sereno, bem preparado e na hora certa.						
	5	4	3	2	1	0
Flores e presentes						
Sei escolher o arranjo de flores adequado para cada situação.						
Ofereço as flores no momento certo e da forma correta.						
Escolho cuidadosamente o presente e a embalagem, de acordo com a pessoa que o receberá.						
Escrevo cartas a mão, em tom afável, animador, atencioso e construtivo.						

3.4 Gratidão

Gratidão é uma atitude essencial do ser humano. Devemos graças a Deus por tudo que vivenciamos. Devemos graças a Deus pelas dádivas com que Ele nos presenteia. No que se refere à valorização, a gratidão é uma atitude entre pessoas: sou grato àquele com quem convivo, e manifesto minha gratidão. Agradeço pelo que fizeram e fazem por mim ou pela empresa, mas também por sua simples presença e por serem o que são.

Agradecer a alguém é também um modo de aceitá-lo incondicionalmente. Se agradeço por sua simples proximidade, não tenho por que achar que algo nele está mal, ou que ele deve se modificar. Na gratidão, eu reconheço e aceito seu valor tal como é.

O verbo alemão *danken* (agradecer) vem de *denken* (pensar). Agradecido é aquele que pensa como se deve. É quem agradece ao seu semelhante pelo que ele significa. As pessoas também são um presente que Deus nos dá. Cada um nos proporciona uma vivência nova; na convivência com os outros nós próprios nos modificamos e renovamos. Na antiga vida monástica exercitava-se a atitude grata justamente para com as pessoas mais difíceis: "Eu agradeço àquele que me enerva", pois, segundo diziam os monges, o irmão difícil revela diante de mim os meus próprios aspectos negativos, obrigando-me a trabalhar minha paciência, minha mansidão e benignidade. O irmão difícil é para mim um desafio que, por fim, me faz bem. Agradecer ao irmão difícil é uma forma de aceitação incondicional. Numa atmosfera de aceitação sem condição, o outro pode se modificar sem se sentir pressionado.

Há um importante fundamento psicológico que diz: Só posso mudar se sou aceito. Isto vale particularmente na aceitação de si mesmo e das próprias falhas. Se luto contra mim mesmo, desperto em mim uma força conflitante e me autodilacero penosamente. Se sou grato a mim mesmo e ao meu estilo e modo de ser, algo em mim pode mudar, o que também vale para meu semelhante. Se o aceito sem condições, ele é desafiado a desenvolver o bem que vejo nele. E assim ele pode ver o que tem de bom em si, podendo melhorar cada vez mais.

Romano Guardini enumerou importantes premissas para a gratidão: Só se tem gratidão a uma pessoa, não a uma coisa. A gratidão tem que ser espontânea. Agradecemos a alguém que nos proporciona algo, ou nos ajuda em algo, mas tal gratidão só é possível se a pessoa que nos favorece o faz em consideração a nós. Caso contrário, está ferindo nosso amor-próprio. Assim escreve Guardini em seu já citado livro: "Se quem faz o favor dá a perceber um sentimento de superioridade, acaba-se a gratidão e só fica humilhação e ressentimento" (GUARDINI, p. 132).

Portanto, a gratidão é sempre associada à valorização dos outros. "Só existe gratidão onde existe apreço. Se não há consideração, a gratidão desaparece sob o sentimento de ofensa" (GUARDINI, p. 132). Um importante aspecto da valorização consiste em agradecer ao outro por aquilo que ele faz. Agradecendo eu demonstro que percebo o que o outro faz e que o valorizo. Não é uma atitude sem causa; eu agradeço e dou valor àquele que me favoreceu com seu ato, ou apenas com sua existência.

3.5 Afabilidade

Afabilidade é o comportamento entre amigos. A palavra alemã *Freund* (amigo) é associada a *Freisein* (estado de liberdade) e *Liebe* (amor). Amigo é alguém livre, portanto, não depende de mim nem me deve obediência. Amigo é alguém que amo.

Assim, afabilidade pressupõe um comportamento afetuoso. Com minha atitude afável, eu demonstro a alguém que o tenho como amigo. Ele não é só um cara com quem topei ao acaso. Com minha afabilidade eu o torno um amigo, alguém que valorizo, um parente, porque, num sentido mais amplo, todos os seres humanos pertencem à mesma família, todos são irmãos e irmãs, enfim, amigos, seres que, por sua origem, características e modo de ser, compõem, em conjunto, uma só família.

Quem é afável não exige compromissos; adora o amigo, mas o deixa livre. A amizade nem sempre é vivida o tempo todo, mas, no momento em que os amigos se encontram, são realmente amigos, convivem como amigos e como tal se consideram, tratam-se daquele modo afetivo que caracteriza os amigos de verdade. Portanto, a afabilidade também pressupõe que, naquele momento, eu confio naquela pessoa e a valorizo, trato-a amistosamente, ofereço-lhe amizade sem exigências, uma amizade que atua no espaço de tempo em que estamos juntos.

Afabilidade é uma virtude básica do cristianismo

Não quero dizer com isto que a afabilidade não seja uma virtude importante também para outras religiões. Mas aquele que se diz cristão e não é afável, tem alguma falha de autenticidade.

Na Bíblia, Paulo diz aos Coríntios: "Eu, Paulo, exorto-vos pessoalmente pela mansidão [afabilidade] e bondade de Cristo" (2Cor 10,1). Aos filipenses ele diz: "Vossa bondade seja conhecida de todos" (Fl 4,5) E aos gálatas: "Os frutos do Espírito são: afabilidade, bondade, fidelidade" (Gl 5,22).

Afabilidade é uma virtude basicamente cristã, pois afirma: "És bem-vindo aqui!" e "Aqui estou como amigo, não estás só. Podes contar comigo. Minha afabilidade é o reconhecimento do teu valor".

Em meu trabalho, tenho que viajar muito. Gosto disso e capto tudo à minha volta. Uma viagem aérea é uma oportunidade ideal para observar pessoas, para ser amigável e ser tratado amigavelmente. Nota-se o grande efeito que a afabilidade gera entre as pessoas. Alguns homens e mulheres são tão espontaneamente amistosos que eu recebo um enorme impulso de energia e fico motivado por uma hora, no mínimo. E fico criativo, otimista, em condições de trabalhar com mais ânimo. Chego a ter oportunidades inesperadas de exercitar minha afabilidade, por exemplo, ajudando outros viajantes, deixando-os passar na frente ou apenas olhando-os com simpatia.

Pela afabilidade reconheço a dignidade dos outros, enquanto minha atitude os valoriza. Em minha atuação como líder, dou importância primordial à afabilidade com meus colaboradores. Por isso estabeleço uma cultura de afabilidade, que gera um impulso de energia, criatividade e visão. Isto se evidencia plenamente nas reuniões. No momento em que alguém fala a um grupo em tom afável e valorizador, estabelece-se um contato vivo com o público e a comunicação flui "como por si mesma".

Além do mais, se não sou afável com meus funcionários, não posso exigir que eles sejam "superafáveis" com nossos clientes. Em sua Epístola a Timóteo, Paulo diz algo mais ou menos assim: "Um servo do Senhor deve ser manso [afável] com todos" (2Tm 2,24).

O sorriso é um atributo da afabilidade

Uma forma de manifestar afabilidade é o sorriso. Não falo do sorrido forçado das fotografias, nem daquele sorriso mecânico treinado para fins profissionais. Um sorriso afável parte de um coração afável. Aquilo que existe e se passa no coração surge diante dos olhos. Não é sem motivo que falamos de olhares "penetradores" ou de "olhos de raios x". Mas, se há afabilidade em seu coração, seus olhos e semblante a irradiam. Quando você tem sentimentos na presença de alguém, abre-se automaticamente em sua face um sorriso aberto e convidativo!

Em seu livro *The Friendship Factor* ("O fator amizade"), o psicólogo Dr. Alan Loy McGinnis descreve um experimento no qual alguns estudantes foram observados durante três meses, de modo a se descobrir o grau de influência da afabilidade em sua popularidade. Metade dos estudantes receberam a tarefa de se comportarem de modo *cool* e interessante; a outra metade deveria apenas ser afável. (Alguns contemporâneos poderiam considerar isso uma coisa muito chata e sem graça.)

Ao fim de três meses, uma grande parte dos estudantes "afáveis" tinha um relacionamento, e todos, de ambos os sexos, foram classificados pelos colegas como muito populares, enquanto no grupo *cool* o resultado foi exatamente o oposto. A maioria não arranjou namoro e, no geral, ficaram pouco populares.

Nada de espantar, porque a afabilidade, um sorriso e o brilho que ele traz despertam nos companheiros sentimentos como:

› "Eu sou aceito".
› "Eu tenho valor".
› "Eu sou incluído".
› "Eu sou reconhecido".

O sorriso é também uma atitude diante das coisas belas e loucas da vida, até diante de nós mesmos. E, quando você sorri, seus músculos descontraem. (É por isso que às vezes urinamos nas calças quando rimos.) Isto é importante: Sorrindo você descontrai seus músculos faciais e assim irradia beleza natural.

3.6 Reconhecimento

O verbo alemão *anerkennen* (reconhecer) designa, a princípio, um fenômeno espiritual. Eu absorvo a pessoa, capto espiritualmente o que ela significa, o que há no seu ser. E guardo o que notei, trago para dentro do espírito aquilo que vi e reconheci observando de fora, para senti-lo e apreciá-lo no coração. Reconhecimento é, portanto, algo que acontece em nosso coração.

Hoje usamos muito o termo *reconhecimento* no sentido de *conhecimento manifesto*, isto é, eu expresso aquilo que constatei, digo a alguém que percebi seu desempenho, manifestando, assim, meu reconhecimento. Tal manifestação, porém, só é verdadeira se precedida de conhecimento e percepção. Só se vejo a pessoa além do que posso com meus olhos físicos, só se procuro perceber seu interior é que a reconheço de fato. E, para que alguém possa reconhecer meu interior, tenho que manifestá-lo.

O sociólogo trabalhista Stephan Voswinkel concedeu à revista *Psychologie heute* ("Psicologia hoje"), edição de julho de 2011, uma interessante entrevista sobre este tema, na qual ele diferencia dois *modi* de reconhecimento na vida profissional, identificando-os nitidamente, um como apreciação, outro como admiração.

Segundo ele, a apreciação tem por base a atuação adequada e a integração de alguém num ambiente de trabalho e no contato com outros funcionários. "Em forma de gratidão, manifesta-se o reconhecimento pelo desempenho de muitos anos, pela dedicação à empresa ou aos colegas" (VOSWINKEL, p. 60).

Portanto a apreciação, como forma de reconhecimento, é merecida por qualquer pessoa dentro de uma empresa, apenas pelo bom cumprimento do dever.

Já a admiração, diz Stephan Voswinkel, seria um "reconhecimento que expressa a diferença – é quando se reconhece o excepcional, a carreira de grandes desempenhos, o sucesso impressionante, principalmente os sucessos de mercado e vendas. Imagina-se com certeza um somatório de merecimentos a perder de vista, mas isso não tem a ver com assiduidade. A admiração se deve ao sucesso do momento, não ao desempenho normal a longo prazo. Admiração é sempre um reconhecimento passageiro, tem que ser reconquistado constantemente, é um tipo de reconhecimento inseguro, frágil e 'fluido'" (VOSWINKEL, p. 60).

Na maioria das empresas, a admiração é mais expressada que a apreciação, mas só é obtida a custa de esforços fora do comum. É claro que o esforço incomum merece um reconhecimento incomum, mas devemos lembrar que as pessoas também devem ser valorizadas por sua simples presença assídua e por seu trabalho absolutamente normal.

Só posso reconhecer o valor de outro se já reconheço o meu próprio. Quem tem dificuldades com a própria autoestima não consegue manifestar reconhecimento por outro. Sua tendência será desvalorizá-lo, na tentativa de se autovalorizar. O reconhecimento só é possível se valorizo minha própria dignidade e sinto em mim a dignidade alheia. Quem reconhece a própria dignidade, reconhece a dos outros com satisfação. Não priva ninguém de dignidade, pelo contrário, divide a sua própria com a dos outros.

Assim o benefício é mútuo. Ao reconhecer o valor dos outros, sei que também sou reconhecido, por Deus, por mim mesmo e talvez pelos outros. Mas o fundamental é: Somente se reconheço a mim mesmo é que sou capaz de reconhecer os outros.

4

O que nos impede de demonstrar reconhecimento?

Todos sabemos que valorizar os outros faz bem a nós mesmos e que somos para eles uma bênção quando os valorizamos – no entanto não o fazemos com frequência.

Muitas vezes simplesmente esquecemos, mas também há outros fatores, profundamente enraizados em nosso caráter ou estrutura psíquica, que frequentemente restringem nossa tendência a valorizar. Vamos observar mais de perto alguns desses fatores.

4.1 Negligência

A simples negligência é uma causa fundamental para a falha na valorização humana. A origem do termo nos leva ao seu significado básico: A verbo alemão *lassen* (deixar, largar) significa originalmente "tornar-se fraco, ficar dormente". Sim, negligência (*Nachlässigkeit*) é isto: *deixar (lassen)* de lado. Perdemos a vibração interior que nos faz plenamente presentes ao contato com as pessoas. Não ficamos presentes de verdade, não observamos os outros de fato, não levamos sua dignidade em conta. O negligente não participa, não dá verdadeira importância aos outros.

A negligência é algo que todos conhecemos por experiência própria. Assumimos um propósito, agimos de modo a prestar mais atenção aos nossos semelhantes e valorizá-los mais. Durante uns poucos dias, tudo vai bem, mas logo fraquejamos, ficamos negligentes. A preguiça toma conta, não temos mais força, o entusiasmo vai embora. *Deixamos de lado*. Perdemos o contato com nossa estrutura interior. O negligente é desestruturado, desconecta-se de sua estrutura espiritual.

Desestrutura e desatenção geralmente não são efeitos da malevolência, e sim da negligência. Costumamos nos perdoar por isso, mas a negligência não nos faz bem, tira-nos o impulso ativo e nos afasta de ordem interna que estruturamos, sabendo que ela nos faz bem à alma.

Um dos mais famosos médicos do último século, o Dr. Albert Schweitzer, certa vez disse: "Se cada pessoa, a cada dia, fizesse apenas um cumprimento, o mundo inteiro seria mais saudável, mais pacífico e mais feliz!"

A questão se manifesta precedida da conjunção condicional "se": *Se* apenas *exercitássemos* mais o costume da valorização em casa, no trabalho e em nossa comunidade, nossa vida *seria* muito mais rica e agradável. Por que, então, quase não fazemos isso? Uma das causas não é nada mais que a nossa negligência, que, por sua vez, também tem suas causas: vivemos ocupados com milhares de coisas, correndo de uma para outra e, na correria, simplesmente nos esquecemos de exercitar a valorização.

Em seu empolgante livro *If Disney Ran Your Hospital* ("Se Disney administrasse seu hospital"), o diretor hospitalar Fred Lee demonstra como a capacidade sensitiva (empatia), a cordialidade e a valorização compõem a base de um hospital realmente capaz de orientar e curar pacientes.

Entre outros, ele enumera dez fatores básicos que, segundo pesquisas norte-americanas junto aos pacientes, um hospital deve priorizar (*Press Ganey Satisfaction Report*, agosto de 2003):

1) Bom trabalho em equipe.
2) Ambiente ameno, clima positivo no hospital.
3) Respostas e soluções rápidas.
4) Atenção especial às necessidades do paciente.
5) Entendimento da situação do paciente.
6) Manter o paciente informado de tudo.
7) O paciente é consultado quanto às decisões referentes ao seu tratamento.
8) Atitude positiva da equipe diante das perguntas e pedidos do paciente.
9) Profissionalismo da equipe.
10) Afabilidade da equipe.

Deu para notar como são decisivas neste *top team* as virtudes sobre as quais vocês leram no capítulo anterior (amabilidade, atenção, entendimento, respeito e afabilidade)? E, ao mesmo tempo, Fred Lee fala da relação entre a motivação da equipe e o bem-estar dos pacientes: funcionários inspirados dispõem naturalmente dessas virtudes e as desenvolveram na forma de hábitos positivos no dia a dia. O resultado são pacientes satisfeitos ou mesmo animados e um hospital sempre recomendado.

Funcionários sobrecarregados, por sua vez, geralmente não aborrecem os pacientes de propósito, mas negligenciam (esquecem!) a atitude de valorização e entendimento para com eles. Ainda assim, com sua negligência, eles geram um grande efeito: à insatisfação dos pacientes é acrescentada, em média, a de mais umas 20 pessoas que se sentem desconsideradas no hospital.

É claro que também existem funcionários que simplesmente são preguiçosos e egocêntricos, portanto desatenciosos com os pacientes. Esse comportamento é, sem dúvida, absolutamente inaceitável. Mas aí identifica-se sobretudo aquele fenômeno das pessoas bem-intencionadas que simplesmente se esquecem de ser boas.

Fred Lee enumera muitas formas práticas, bem como estruturais, para dar a um hospital a condição de "valorizador humano". Referente à questão da negligência, ele recomenda: "Desenvolvam hábitos positivos, rituais de serviço que os façam retomar a cada dia o comportamento atencioso".

Um ótimo exemplo para o esforço de treinamento de funcionários de um grande hospital é o programa chamado *Albertinen-Knigge*, do Hospital Albertine, em Hamburgo. Divide-se em quatro tópicos:

1) Percepção e valorização;
2) Aparência;
3) Comportamento ao telefone;
4) Reclamações.

Para que vocês tenham uma ideia de como temas tão abrangentes e abstratos podem se traduzir em hábitos práticos, vou citar um trecho do tópico "Percepção e Valorização":

"O relacionamento entre pessoas no Grupo Albertine é marcado pela valorização e percepção dos outros. Os cumprimentos são, por si só, uma expressão da percepção!"

› Cumprimentamos a todos: pacientes, residentes, visitantes, funcionários.

› A quem cumprimentamos primeiro? Simplesmente cumprimentamos!

› Batemos à porta antes de entrar nos quartos dos pacientes e em qualquer dependência.

› Nos diálogos, deixamos que as pessoas concluam o que têm a dizer.

Sim, é realmente muito simples vivenciar a valorização. Que hábitos e rituais de valorização vocês considerariam compatíveis, no sentido de ajudá-los a não serem negligentes e a fazer da valorização um estilo de vida?

Tabela 1 Ideias para rituais de valorização

Tópicos	Rituais, hábitos	Com quem pratico diariamente?
Percepção		
Valorização		
Atenção		
Comunicação escrita		
Comportamento ao telefone		

4.2 Desinteresse

Outro fator de impedimento da valorização é a indiferença, o desinteresse com relação aos outros. É quando simplesmente não queremos saber deles.

A palavra latina "inter-esse" significa literalmente: "estar entre", e, por extensão: "participar de algo ou da vida de alguém". Pode significar também: estar ou entrar no meio de outras pessoas. Pelo interesse que tenho em alguém, eu entro em sua alma. Procuro entrar em seu ser, procuro senti-lo, imaginar o que ocorre em seu espírito, o que ele pensa, o que sente, do que precisa e pelo que anseia.

Des-interesse, por sua vez, significa: o outro não me interessa; quando o vejo, passo adiante, sem participar de nada referente a ele ou ao seu íntimo. Só quero saber das minhas necessidades, não me envolvo com os outros. Só me interessa o que é útil a mim. Uma atitude como tal me isola, não me faz bem, pois o interesse pelos outros não é necessário só para eles, mas também para mim. Minha existência se expande quando vivo também nos outros e quando ocorre um verdadeiro intercâmbio entre eles e eu.

4.3 Incapacidade social

Muitas vezes nossa falha no reconhecimento de valores tem sua base em atitudes profundamente enraizadas em nossa alma. Há pessoas cujo comportamento se explica como incapacidade social. São realmente incapazes de se relacionar com outros.

Dizem os psicólogos que ausência e incapacidade de relacionamento são as grandes enfermidades atuais cuja causa é o relacionamento conturbado consigo mesmo. Há muitas pessoas que não se relacionam com elas próprias, não têm percepção de si, não percebem os próprios sentimentos, necessidades, sonhos, dificuldades e medos. Vivem "ao sabor do vento".

Quem não se relaciona consigo mesmo não é capaz de se relacionar com os outros, em muitos casos nem com as coisas, enfim, não consegue valorizar pessoas nem coisas.

Tivemos no mosteiro um marceneiro que, além de produzir lindos móveis, amava a madeira. Chegava a ficar horas contemplando diversos tipos de madeira, sua beleza, suas características, seu talhe. Quando via um corte de tronco, contava, cheio de entusiasmo, a história daquela árvore, que ele decifrava observando os largos anéis. Certa vez ele veio ao meu escritório, chorando, porque alguns estudantes tinham danificado de propósito uma porta que ele construíra com todo amor. Ele disse: "Quem pode tratar a madeira desse jeito? A madeira é uma coisa viva!" Na verdade, os estudantes não fizeram aquilo por mal, mas não tinham relação alguma com a madeira da porta e, tenho certeza, nem com eles próprios nem com outras pessoas, caso contrário não teriam cometido aquele ato de vandalismo.

Quem não se relaciona sofre de incapacidade social, não sabe conviver, portanto, não forma grupos. Nada se agrega ao seu redor. Com um líder incapaz de relacionamento, os funcionários só se entendem aleatoriamente entre si, não formam um grupo coeso. Quem não se relaciona não percebe a necessidade que os outros têm de reconhecimento e consideração. Já que não os observa, não pode considerá-los.

Naturalmente, a incapacidade de relacionamento é causada muitas vezes por falhas na educação, ou pela vida que a pessoa teve. Às vezes os pais não conseguem ter um relacionamento espontâneo com os filhos, e assim eles também não aprendem a se relacionar naturalmente. Quem sofre de incapacidade social é internamente enfermo, pois não consegue viver de acordo com seu verdadeiro eu. O ser humano é um ser social e só pode conhecer a si mesmo em contato com outras pessoas. Sem capacidade de relacionamento ele está em desacordo tanto consigo quanto com os outros.

4.4 Padrões de comportamento neurótico

Há pessoas que, ao longo de sua formação, absorveram padrões de comportamento neurótico. Dois padrões típicos, que travam nossa capacidade de valorizar, são o narcisismo e o complexo de inferioridade.

O mito grego nos conta que o jovem e extraordinariamente belo Narciso contemplava seu próprio reflexo na água de uma lagoa e se apaixonou perdidamente pela própria imagem. O narcisista nunca vê os outros, porque só vê a si mesmo em tudo. Quer ser admirado, tudo tem que girar em torno dele. Não pode observar, tampouco admirar quem quer que seja, porque vive fixado em sua própria imagem grandiosa. O conceito de narcisismo foi introduzido na psicologia por Sigmund Freud, que descreve o fenômeno como o comportamento da pessoa que só vê a si mesma em tudo, que gira sempre em torno de si e das próprias necessidades, o que a torna cega às necessidades alheias. O narciso adora a si mesmo e – como disse certa vez o psiquiatra Albert Görres, de Munique – agrega à sua volta uma legião de bajuladores. A procura por bajulação o impede de observar os outros e reconhecer seu valor. O problema é que hoje muitos dos que mais procuram ascensão profissional têm tendências narcisistas. Não poupam esforços para obter cargos de liderança, pois isto é necessário à satisfação de seu ego.

Só que, por trás dessa atitude, esconde-se o medo. O narcisista sente tanta necessidade da admiração alheia que morre de medo de ser pouco notado, por isso é incapaz de valorizar os outros.

Alfred Adler, contemporâneo de Freud, escreveu sobre o complexo de inferioridade. Diferentemente de Freud, ele não focaliza o indivíduo tão isoladamente, mas observa a relação da pessoa com sua comunidade. A saúde da alma humana depende dos sentimentos de cada um com relação a si mesmo e ao ambiente em que vive. Alguém que se sente valorizado e aceito na comunidade, tem um bom sentimento com relação ao ambiente e, portanto, consigo mesmo. Mas pessoas neuróticas sofrem de sentimentos de inferioridade e compensam seus complexos diminuindo outras pessoas. Só conseguem acreditar em si mesmas depreciando os outros, precisam desvalorizá-los para se sentirem por cima, ou então defendem-se do complexo assumindo atitudes servis perante outros, como, por exemplo, bajulando o chefe, na tentativa de partilhar do seu *status*.

Podemos observar, nas empresas, esses dois tipos de reação ao complexo de inferioridade. Existem chefes que depreciam constantemente os outros. Para valorizarem a si mesmos, têm que estar sempre em destaque, falam o tempo todo de suas "grandes realizações". Quem escuta tem a sensação de que "ele fala de si mesmo desse jeito pomposo porque precisa compensar sua própria inferioridade". Indivíduos que se pavoneiam constantemente não fazem ideia do isolamento progressivo a que sua atitude os leva. As pessoas os evitam, o que só faz aumentar neles o medo da inferioridade.

Por trás da máscara, ele tem medo de não ser nada quando não é notado. Muitas dessas pessoas que têm de estar sempre sob os holofotes sofrem desses complexos, e mesmo em meio às chefias encontram-se muitas pessoas com sentimentos de inferioridade. Não se nota à primeira vista, pois elas aprenderam a mostrar boa presença, ficar no centro das atenções, inspirar admiração. Mas quem se sente inferior é sempre incapaz de notar e admitir o valor dos outros, fixa-se tanto em sua autodepreciação que ignora a dignidade alheia, quando não a desconsidera deliberadamente, para evitar que os outros tenham dúvidas quanto ao seu valor, ou até constatem a inexistência do mesmo.

O fato de haver, na economia moderna, tantos dirigentes com tendências narcisistas que, em qualquer circunstância, só têm olhos para si mesmos, ou aqueles com complexos de inferioridade, que se compensam pondo-se em destaque, deve-se também a certas estruturas que compõem a economia atual.

Uma delas é o conceito de eficiência. Todos têm que ser eficientes. Com tanta fixação na ideia de uma economia eficiente, não sobra tempo para "amenidades", como a valorização humana. O principal é que tudo funcione com perfeição e todos trabalhem com eficiência. Ignora-se que justamente a valorização humana é a condição para que as pessoas trabalhem com entusiasmo e eficiência. Só ficam preocupados quando o *burnout* começa a tirar bons funcionários de ação.

Outro fator é a pressão demasiada em cima de trabalho, tempo e sucesso, que atormenta particularmente os líderes de nível médio. Vivem sob tanta pressão que nem têm como valorizar seus funcionários. Sofrem sob pressão e, muito frequentemente, transferem a pressão aos subordinados, aliviam-se passando a pressão adiante. Mas é assim que começa a espiral decadente. A pressão não faz trabalhar mais, muito menos trabalhar melhor.

Não sobra tempo para ideias criativas, menos ainda para o bom trabalho em equipe.

Sem bom relacionamento, sem reconhecimento entre funcionários, não é possível manter o trabalho bom por muito tempo. É só cada um por si, cada um dando seu jeito de lidar com a pressão. Isso gera isolamento, e o isolamento é justamente o que Alfred Adler definiu como a situação que leva à compensação da inferioridade por meio de fantasias de onipotência.

Outra estrutura da economia atual é a causa de tantos narcisistas e complexados chegarem ao topo das hierarquias. As cúpulas são ocupadas principalmente por homens. A imagem masculina do alto cargo não pode aparentar fraqueza. É preciso se mostrar forte por fora, aparentar uma firmeza inabalável. Constrói-se uma fachada e não se permite que ninguém a ultrapasse. As mulheres são, por natureza, mais abertas ao relacionamento humano, não precisam compensar seu isolamento com fantasias de poder. Elas geram um clima diferente nos quadros de diretoria, um clima onde ninguém precisa afetar bons sentimentos, mas onde se é bom de fato, onde as pessoas se relacionam, onde há solidariedade e todos se estimulam valorizando-se mutuamente.

Como a disputa pelos poucos cargos elevados é intensa, só os obtêm aqueles que estão dispostos a *brigar* por eles. Isso prejudica os líderes mais sensíveis. Aqueles que dão valor ao relacionamento e atenção com seus funcionários costumam ficar à margem da concorrência.

Não querem chegar lá em cima à força, para eles a liderança é um serviço e, como já prestam serviço nas posições em que se encontram, não sentem necessidade de ir além, deixando, assim, o caminho aberto para os piores. É justamente nas cúpulas que as empresas deveriam objetivar um novo clima, para que lá chegassem as pessoas que tivessem, acima de tudo, competência social.

Pode-se supor que homens que brigaram por sua ascensão hierárquica exerçam seu cargo com segurança, mas é justamente o contrário. Hoje os dirigentes vivem sob um medo constante de serem descartados, caso não apresentem resultados. Correm muito mais risco de demissão que os funcionários comuns. É como se as cadeiras que ocupam fossem catapultas prontas para arremessá-los. Assim, tudo gira em torno do poder, sua maior preocupação é se manter no poder e, desse jeito, não sobra energia alguma para o bom trato e a valorização de seus funcionários.

5

Onde e como eu posso exercitar a valorização?

Qualquer lugar onde lidamos com pessoas, onde encontramos pessoas, onde convivemos e trabalhamos juntos, é lugar de valorização. Todas as áreas de nossa vida são espaços onde o reconhecimento de valores deve ser exercitado.

Digo "exercitar" no sentido literal, um treinamento diário da valorização humana. Teoricamente, quase todo mundo sabe que a valorização é uma boa coisa, mas, sem praticar, não adquirimos capacidade. É preciso exercitar, para que nossas convicções nos penetrem até os ossos e passem a atuar automaticamente. O atleta treinado no salto em altura não fica pensando na melhor maneira de saltar. O movimento natural de um bom salto já está agregado ao corpo.

Calcular o salto não ajuda. O necessário é a unidade entre atleta e salto, e é o que o esportista desenvolve com o treino. Da mesma forma, nós também precisamos treinar constantemente a valorização humana, para que valorizemos como se deve, e de modo espontâneo, os nossos amigos, familiares e funcionários.

5.1 Valorização de si mesmo

A primeira pessoa com quem posso praticar a valorização sou eu mesmo. É claro que isso não tem nada a ver com a gente se gabar, o que seria uma demonstração de narcisismo ou complexo de inferioridade.

Mas já vi muita gente que se desvaloriza o tempo todo, pessoas que odeiam a si mesmas por serem irritáveis, por se ofenderem facilmente, por terem reações ciumentas. Não querem ser ciumentas nem invejosas, querem ser autoconfiantes e positivas, mas de repente ocorre um sentimento negativo e, na retaguarda, a baixa autoestima volta a atacar. Essas pessoas se diminuem. Muitas vezes a autodepreciação abriga aquele desgosto conformista que se manifesta em termos como "sou assim mesmo, não tem jeito".

Mas cada um de nós, como ser humano, possui uma dignidade inviolável. A valorização determina que eu devo aceitar a mim mesmo tal como sou, com todas as minhas forças e fraquezas. Sou valoroso conforme sou, pois sou uma criação de Deus. Deus me deu uma forma única infinitamente valorosa. Se minha forma é às vezes ofuscada ou alterada pelas minhas fraquezas, aí já é outro assunto. Mas não posso desvalorizar a minha imagem, pois assim eu estaria desvalorizando o ato de Deus em mim. Quem desvaloriza a criação está negando uma parte do valor divino do Criador.

Parece tão simples a gente valorizar a si mesmo. Mas é uma tarefa para toda a vida. Vejo muitas pessoas que se queixam de não conseguirem aceitar a si mesmas. Quando eu pergunto diretamente o porquê disto, as respostas me levam sempre a causas como: Comportam-se de modo não condizente com sua natureza. Querem ser diferentes do que são. Não se comportando tal como são, não podem valorizar a si mesmas.

Portanto, o primeiro passo para a valorização autêntica é dizermos adeus às nossas ilusões e máscaras de grandeza. É um processo doloroso. A psicologia se refere a ele como um processo de luto. Tenho que sofrer a dor de ser como sou, de ser comum, de não ser a pessoa mais bem dotada, mais inteligente, mais bela e vitoriosa que existe, e sim uma pessoa com indiscutíveis capacidades, mas também com limites. Sim, sou um ser humano com limites e, assim mesmo, tenho uma dignidade inviolável. Dou valor a mim assim mesmo como sou.

Mas só posso conseguir isto depois de sofrer com o desmoronamento das ilusões. Através do sofrimento, a dor me conduz ao fundo de minha alma, onde, totalmente absorvido em meu ser interno, estou de acordo comigo, em paz comigo mesmo. Lá descubro meu valor verdadeiro, que ninguém pode tomar de mim. Se não me aventuro a passar pela dor, para alcançar a paz do meu ser interno, permaneço na superfície, onde a dor é menor, mas não cessa.

Existem duas formas de reagir à decepção. Posso me lamentar e afundar na autopiedade. Mas não sigo adiante. Ou então culpo alguém. Os outros são culpados por eu não ter dado para nada, por eu não ser tão bem-sucedido, próspero e amado quanto eles. Mas isso me mantém preso à minha insatisfação, que me impede de perceber meu próprio valor. Só quando me disponho a encarar e aceitar minha condição de pessoa comum é que poderei ver, considerar e honrar com gratidão o meu valor.

E a valorização de si mesmo não é um tema novo, já existia há mais de 900 anos atrás. Bernardo de Claraval já escrevia a respeito no ano de 1140, numa carta ao seu ex-discípulo, o então Papa Eugênio III.

Doa-te a ti mesmo!

"Como devo começar? Preferencialmente observando teu excesso de ocupações, pois é o que mais me dá compaixão de ti. Receio que tu, preso em teus incontáveis afazeres, não vês mais saída alguma e, assim, endureces tua mente; pouco a pouco, te afastas da percepção de uma dor plena, adequada e saudável. Seria muito prudente que saísses de vez em quando dos teus afazeres, quando estes te arrastam e, pouco a pouco, te levam a um ponto onde não queres chegar.

Perguntas que ponto é este? É o ponto onde o coração endurece. Não perguntes agora o que isto quer dizer; se não te assustas agora, teu coração já endureceu. O coração endurecido é aquele que não se desagrada de si mesmo, porque não percebe a si mesmo. O que mais há a dizer? Ninguém com o coração duro obtém salvação, a menos que Deus, em sua misericórdia, como diz o profeta, lhe retire o coração de pedra e lhe dê um novo de carne (Ez 36,26).

Se levas toda vida e passas todo o tempo ocupado em afazeres e não te sobra tempo para a reflexão, devo louvar-te por isso? Não creio que te louve alguém que conheça as palavras de Salomão 'Quem limita suas atividades obtém sabedoria' (Eclo 38,25).

Se queres estar à plena disposição de todos, de acordo com o exemplo daquele que, em favor dos outros, assumiu a condição deles (1Cr 9,22), eu louvo a tua humanidade – mas só se ela for completa e genuína. Como podes ser genuinamente um ser humano, se perdeste a ti mesmo? No entanto és um homem. Para que tua humanidade seja abrangente e plena, não deverias ter um coração atento, não somente aos outros, mas também a ti mesmo?

Pois de que te adianta – como diz a palavra do Senhor (Mt 16,26) – ganhar o mundo inteiro, se vier a te prejudicar? Se todos os seres humanos têm um direito sobre ti, então tu, que és um ser humano, tens um direito sobre ti mesmo. Por que só tu não terias nada de ti mesmo? Até quando serás um espírito que não retorna a si? (Sl 78,39). Por quanto tempo continuarás dando atenção a todos, menos a ti mesmo?

Sim, quem lida mal consigo mesmo, para quem poderá ser bom? Então pensa nisto: Doa-te a ti mesmo. Eu não digo: faze sempre isto, eu não digo: faze isto com frequência, mas digo: Volta sempre a fazê-lo. Sê para ti mesmo conforme és para todos, ou, já que és de todos, sê também de ti mesmo."

Vamos aprender a arte do bom entendimento com nós mesmos, e a valorização de si mesmo é um excelente exercício para o aprendizado e preservação desta arte. Devemos praticar constantemente este exercício, pois, mesmo já tendo aprendido, podemos desaprender se não continuarmos praticando.

Comece a praticar agora mesmo. Reserve uns 20 minutos para preencher esta tabela de exercício da valorização humana.

Tabela 2 Exercícios da valorização de si mesmo

O que prezo em mim?
Meu corpo:
Minhas capacidades:
Minhas particularidades:

Meus valores:

Como posso desenvolver positivamente aquilo que prezo em mim?

Meu corpo:

Minhas capacidades:

Minhas particularidades:

Meus valores:

Como posso utilizar o que prezo em mim para ser útil às pessoas?
Meu corpo:
Minhas capacidades:
Minhas particularidades:
Meus valores:

Exercício: Curve-se diante de si mesmo

Em seu já mencionado livro *Respeito*, Mauritius Wilde assinala a reverência como o "gesto primordial do respeito". Curvando-nos diante de alguém, não estamos nos humilhando, mas reconhecendo a grandeza e o valor do outro – para depois nos reerguermos, nivelando-nos com ele.

Podemos expressar o quanto nos autovalorizamos, curvando-nos diante de nós mesmos. Neste sentido, Mauritius Wilde apresenta os seguintes exercícios:

› Pense naquilo que você menos respeita em você mesmo.

› Confronte internamente este aspecto.

› Curve-se diante dele.

› Curve-se diante de você mesmo, assim como você é.

› Volte à posição ereta, com um novo sentimento de valor.

5.2 Valorização no núcleo familiar

A família é o ambiente perfeito para exercitarmos a valorização humana. É razoável que o homem valorize a mulher, e vice-versa, caso contrário não teriam se casado, não é mesmo?

Só que, nas convivências de hoje, costumamos ser negligentes com nossos relacionamentos mais próximos, inclusive o conjugal. Cada vez mais nos esquecemos de demonstrar nosso reconhecimento um ao outro, voltamos do trabalho com a cabeça ainda cheia das reuniões, problemas e tarefas. Ou temos o dia cheio de trabalho doméstico e ocupações com as crianças, a cabeça às voltas com as compras da semana e com a briga no *playground*. Assim não resta tempo para uma atenção verdadeira entre o casal.

Os homens, especialmente, costumam ter dificuldade em demonstrar apreço por suas esposas, ou melhor, não acham necessário. Quando as mulheres se queixam aos maridos por causa disso, eles costumam dizer: "Já te falei mil vezes que te amo, que valorizo o que você faz, o que você é e como você é. Quantas vezes vou ter que repetir isso tudo?" Os homens acham que, se já disseram claramente essas coisas, está tudo resolvido.

Tremendo engano, e não só com relação às mulheres. Todos nós precisamos de consideração constante. Basta pensar em nossas próprias necessidades, para imaginarmos o bem que fazemos aos outros ao dizer-lhes uma palavra de ânimo, gratidão ou apreço. Não custa nada, basta atenção e um olhar franco, e disposição para dizer o que sentimos.

As crianças precisam tanto destas atenções quanto os adultos. Sua necessidade mais característica é serem notados no que fazem e como são. Só se sentem percebidos quando dizemos o que vemos. Mas tem que haver discernimento. Valorizar não é elogiar tudo o que as crianças fazem e dizem. De qualquer modo, crianças não se impressionam com elogios displicentes e superficiais.

Mas se nos interessamos pelo que fazem, e por como fazem, nosso elogio as toca de verdade. Neste sentido, o primeiro passo é demonstrar interesse, perguntando como passaram o dia e o que fizeram. Se eles já vão contando antes que perguntemos, nós ouvimos atentamente, fazendo perguntas para que contem mais. E levamos a sério o que nos contam.

Quando perguntamos: "Como foi na escola?", as crianças percebem logo se é só uma pergunta de praxe, ou se estamos realmente interessados. Se as ouvimos com pouca atenção, elas param de falar, ou começam a falar aos borbotões, na esperança de que finalmente as ouçamos de fato, levando a sério o que dizem. Infelizmente nos enervamos fácil com narrativas longas.

Filhos adultos também precisam da atenção e do apreço dos pais. Adultos jovens necessitam de palavras de reconhecimento, que os encorajem a prosseguir seu caminho. São estes que mais precisam de palavras de orgulho da mãe ou do pai. Percebem com muita clareza se os pais só querem saber de si ou se prestam atenção e se interessam de fato pelos filhos.

Alguns adultos jovens me dizem que se sentem como "visitas incômodas", porque os pais só se ocupam consigo mesmos. Parece-lhes que não há mais lugar para eles no mundo de seus pais, um espaço em que não podem falar de si, porque, para os pais, sua vida é um caso à parte que, definitivamente, não interessa. Só conta o pequeno mundo dos seus problemas pessoais. A valorização humana alargaria esse mundinho, enriquecendo o espírito dos pais e proporcionando aos filhos jovens um lar onde cada vez mais gostariam de viver.

5.3 Valorização na comunidade

Talvez você seja solteiro e não tenha filhos. Mas, de algum modo, você é membro de uma família. Mesmo que viva sozinho, você deve ter parentes com quem se relaciona. Isto é bom e necessário, porque o ser humano não foi feito para viver só.

Em nossa sociedade extremamente individualista, talvez enfatizemos um tanto demais a liberdade pessoal e a autorrealização. Tanto é que muita gente vive só. Não há causa mais direta para o grande número hoje constatado de doentes depressivos que o sentimento de exclusão. "Constatamos que, como indicador de casos de depressão, a sensação de alheamento tem muito mais peso que outros fatores, tais como o ambiente", assim comentou Reg A. Williams, coautor de um estudo da escola de enfermagem da Universidade de Michigan, num artigo publicado no jornal *Welt Online* ("O mundo online"). Quem não vivencia a vida em comunidade tem, sem dúvida, algum sossego, mas perde a base de uma vida psíquica saudável.

Já no século anterior, os grandes psiquiatras Alfred Adler e Viktor Frankl observaram as necessidades do ser humano, para o desenvolvimento de sua saúde mental. Em seu livro *Über den nervösen Charakter – Grundzüge einer vergleichenden Individualpsychologie und Psychotherapie* ("O caráter nervoso – Bases de orientação para a observação comparativa da psicologia e psicoterapia individuais"), de 1912, Adler escreve: "Ele [o ser humano] precisa descobrir suas capacidades, desenvolvê-las e aplicá-las numa comunidade, na qual ele deve ter seu lugar próprio, de onde ele possa dar sua contribuição pessoal para o bem da comunidade! Só assim é possível eliminar o medo da exclusão, da solidão, da insuficiência, do abandono e do descaso. Não ter lugar na comunidade é como estar espiritualmente morto".

Cada um de nós precisa de um lugar numa comunidade. Quando isso não é (mais) possível dentro da família, a gente precisa de um outro tipo de comunidade, por exemplo, um círculo de amigos ou um grupo religioso. Isso não é um luxo, e sim uma necessidade para a nossa existência saudável. Quem não está incluído numa comunidade, acaba doente, mais cedo ou mais tarde.

Já que a família, e outras formas de comunidade, são fatores para nós tão decisivos, gostaríamos de lhes apresentar algumas ideias de como enriquecer sua comunidade e assumir seu lugar específico na mesma, por meio da valorização.

Na família ou num outro meio, vocês têm diversas formas de manifestar a valorização, dentre as quais:

› dizer palavras de reconhecimento;

› dar atenção;

› dar presentes.

Os três modos citados acima são igualmente construtivos para o doador e o recebedor. Entretanto, cada um tem seu modo preferencial de expressar atitudes e demonstrar sentimentos.

Se não lhes ocorre um modo de concretizar isto, apresentamos, na tabela a seguir, alguns estímulos e ideias que vocês já podem pôr em prática. Na coluna "Nomes e ideias", vocês podem escrever os nomes daqueles a quem cada forma de valorização listada à esquerda faria bem. Naturalmente, vocês podem acrescentar mais ideias e pensamentos que possam ser postos em prática.

Tabela 3 Ideias para a expressão da valorização humana na família e na comunidade

Palavras de reconhecimento	Nomes e ideias
Agradeço por você › ter cozinhado tão bem hoje, › ter arrumado o quarto/a casa, › ter cortado a grama, › ter ajudado as crianças no dever de casa, › ter trabalhado tanto para garantir nosso sustento. › › ›	

Acho ótimo o modo como você › se desempenha nos esportes, › sabe ouvir, › torna o ambiente agradável em casa, › cozinha, › sabe consertar coisas, › sabe lidar com o computador, › sabe expor suas opiniões, › lida com os animais. › se organiza. › › ›	

Palavras de reconhecimento	**Nomes e ideias**
Você está muito bem › esta manhã, › nesta roupa / neste terno, › nesta foto. › › ›	

Atenção	Nomes e ideias
Retire da mesa o telefone e o jornal e concentre-se ao diálogo.	
Conceda a si mesmo e a sua esposa / seu marido algo como	
› uma meia hora de caminhada juntos (duas vezes por semana), › uma ida ao restaurante, cinema ou teatro, uma noite por mês, › um fim de semana num belo hotel, › uma visita a uma academia, piscina ou outro ambiente esportivo, › uma ida à igreja, › a organização de um álbum com as fotos das últimas férias. › › ›	
Participe uma vez por semana de um jogo social com toda a família e dê a todos do grupo a oportunidade de escolher um jogo.	

Atenção	Nomes e ideias
Formule perguntas cujo tema realmente lhe interesse e ouça atentamente as respostas › O que mais te divertiu na escola esta semana? › O que mais te agradou neste filme? › O que mais você gostaria de fazer nas próximas férias? › O que você gostaria de fazer no fim de semana? › Como posso te ajudar em casa, no dever de casa, nos desafios a que você deve fazer frente no trabalho? › O que te aborrece geralmente? › O que posso fazer para melhorar isso? › › ›	

Presentes	Nomes e ideias
Dê flores a sua mulher/mãe/filha uma vez por mês.	
Presenteie um membro de sua família com um livro ou uma revista de sua preferência.	

Convide um membro de sua família a um passeio pela cidade ou a um restaurante.	
Ofereça a um amigo ou parente algo que tenha a ver com seu *hobby*.	
Escolha um livro ou DVD que agrade a um amigo ou parente.	
Escreva uma carta pessoal de aniversário, jubileu, formatura ou qualquer outra ocasião em que você possa expressar bons votos, agradecimento e reconhecimento. Faça cartas bonitas, com os termos adequados.	
Prepare para alguém sua comida preferida.	
› › ›	

Como podemos ver, há inúmeras formas de manifestar apreço. É um costume comum presentearmos alguém que valorizamos com algo que também lhe seja válido, pode ser nosso tempo, atenção, reconhecimento e presentes bem-escolhidos. Vocês poderiam replicar: "Se não demonstro reconhecimento pelas pessoas que me cercam, como podem ser elas realmente valiosas para mim?"

Naturalmente, você não deve concluir que seus amigos e parentes não sejam importantes só porque você raramente lhes demonstra reconhecimento. O ideal é você começar hoje a (re)valorizá-los, coisa muito simples, demonstrando reconhecimento na medida certa. Hoje mesmo você pode dar atenção, reconhecimento e pequenos presentes, basta querer. Aí você verá que ocorre a mesma coisa com a valorização e com a gratidão: há um ganho em reconhecimento quando você manifesta e expressa o que sente.

Infelizmente sabemos de famílias e casais onde o apreço raramente é externado. No íntimo, essas pessoas se querem bem, às vezes mais, às vezes menos, mas, como tendem a prestar mais atenção às falhas e imperfeições uns dos outros, gastam a maior parte de sua energia irritando-se mutuamente, passando sermões críticos, corrigindo, brigando e apontando falhas.

Que desperdício de tempo e energia de vida isso é! Que felicidade seria se o apreço mútuo predominasse no convívio familiar. Não assumam esta atitude objetivando mudanças no ambiente em que vivem, mas no sentido de agir com maturidade, começando hoje mesmo a considerar e demonstrar seu apreço às pessoas de sua família ou comunidade, não só em ocasiões especiais, mas todo dia, toda semana.

5.4 Valorização na vida profissional

Eu, Anselm Grün, mesmo com meus 280 colaboradores e colegas, sei que essa questão de apreço não é sempre uma coisa simples. Em teoria, a maior parte dos líderes e gestores estão convencidos de que valorização é uma boa coisa, que o elogio no ambiente de trabalho surte mais efeito que a crítica constante. Mesmo assim, costumam ter dificuldade em manifestar apreço de modo franco e autêntico.

Alguns funcionários me dizem: "Percebemos logo de cara quando o chefe está representando. Fica duas semanas nos elogiando, depois volta ao seu comportamento de sempre". O elogio não soa autêntico, eles percebem que é uma atitude treinada, superficial, artificial e mecânica.

O verdadeiro reconhecimento tem que vir do coração. Precisa ser exercitado, sim, mas não como artimanha ou recurso pedagógico para manipular os funcionários e levá-los aos extremos da produtividade. Quando o reconhecimento e o elogio são vinculados a segundas intenções, seu efeito positivo se perde. É claro que o reconhecimento tem que ser expressado na medida certa. Quando escuta elogio demais, o funcionário desconfia, percebe que, muito provavelmente, o chefe acaba de ouvir certas coisas num seminário. Tem que ser na medida certa e no momento certo.

É comum trabalharmos individualmente, só olhar para o que fazemos. Não temos dúvida quanto ao bom desempenho dos outros, mas raramente nos referimos ao que eles fazem. O modo de expressar reconhecimento no dia a dia é simples, basta perceber os outros no seu trabalho, dar atenção quando falam conosco, demonstrar consideração.

Eu me interesso pelo trabalho do outro. Se ele vem me apresentar um trabalho concluído, eu não fico calado porque ele só fez sua obrigação; eu agradeço. Posso não elogiá-lo imediatamente, porque ainda não examinei o resultado. Se o fizesse, ele pensaria: "Elogio assim logo de cara é truque". Mas, depois de ter lido ou observado atentamente, chega o momento de manifestar meu apreço por seu bom trabalho.

Existe, portanto, o reconhecimento de todo dia, que se manifesta nas atitudes de consideração, atenção e interesse, bem como em diversas formas de gentileza e valorização para com os outros, em nosso comportamento solícito, sincero e amistoso. E o reconhecimento especial é aquele que se expressa em palavras de apreciação constatada e elogio conquistado.

Este reconhecimento deve ser devidamente dosado, deve ser justo e não pode se expressar em frases feitas. Requer palavras próprias, condizentes com a situação, palavras que soem verdadeiras.

5.5 Valorização nas organizações

Tudo que vale para a pequena comunidade familiar, vale para uma organização, uma empresa ou uma ordem religiosa. A diferença é que, nessas organizações, há mais formalidade nas relações e hierarquias. Assim como vejo nas famílias a responsabilidade, principalmente dos pais, no sentido de desenvolver uma cultura de valorização, acredito que, nas organizações, a mesma responsabilidade cabe, em primeiro lugar, aos líderes.

Como os líderes podem demonstrar e dar exemplo de reconhecimento aos funcionários? Eu, como líder, sempre assumo devidamente minhas responsabilidades referentes aos resultados (financeiros) da minha área de atuação, bem como ao positivo desenvolvimento de meus colaboradores.

Uma tarefa importante é a permanente motivação dos funcionários. O ideal seria que os próprios funcionários motivassem cada vez mais a si mesmos, isto é, sem aguardar nem precisar de "ações motivadoras".

Em seu excelente livro "Direção: a surpreendente verdade sobre o efeito das motivações" (*Drive: the surprising truth about what motivate*"), o escritor norte-americano Daniel Pink fala das mais recentes pesquisas científicas sobre o tema *motivação*, segundo as quais o estímulo baseado em recompensa e punição, com certeza, surte efeito rápido, mas por pouco tempo. Por exemplo, o estímulo do aumento salarial não resulta em mais de duas semanas de maior desempenho – depois disso, motivação e esforço voltam ao seu ritmo costumeiro.

Por outro lado, Pink mostra que a motivação intrínseca leva a um bom, ou até muito bom, e duradouro desempenho. É esta, portanto, a tarefa do líder: desenvolver bom desempenho e bons resultados, incentivando os funcionários a evoluírem. Mas o que possibilita o desenvolvimento da motivação intrínseca? Como estabelecer condições para tal? Temos três fatores a considerar:

Competência

Todo trabalhador tem capacidades, conhecimentos e habilidades que podem torná-lo competente em seu trabalho, se ele treinar e usar sempre essas qualidades. Uma pessoa que pode usar suas capacidades já é intrinsecamente motivada.

Uma forte capacidade que tenho é, por exemplo, o desenvolvimento de conceitos. Se passo algumas horas ocupado nisto, fico muito motivado, é uma ocupação na qual muito mais ganho do que gasto em energia. Com certeza, vocês já tiveram experiências semelhantes com suas capacidades pessoais. Portanto, os líderes devem estimular e apoiar seus colaboradores no sentido de descobrirem suas capacidades, desenvolvê-las, aplicá-las em equipe, o que também lhes proporciona uma boa dose de motivação intrínseca.

A valorização ajuda seus funcionários a seguir o rumo da competência. Se você os observa regularmente, para "farejar" e perceber bons desempenhos, isso basta para você começar a demonstrar reconhecimento:

Demonstre-o sempre que você notar um bom desempenho. Você terá muitas oportunidades para elogiar – uma vez no ano, durante uma conversa com funcionários, é muito pouco. Estabeleça um programa realista: Uma vez por semana você deve encontrar algo merecedor de elogio e apreciação em cada funcionário. Manifeste o elogio da forma mais consistente possível. Se você diz: "Seu Fulano, o senhor é muito seguro no que faz", ou: "Dona Fulana, a senhora é mesmo muito criativa", não está elogiando de verdade, assim você não estimula o funcionário e o efeito seria bem oposto, algo como o funcionário se perguntar: "O que a minha chefe quer de mim, afinal? Está querendo me agradar mesmo, ou quer me manipular?" Você deve dizer algo de conteúdo, tipo: "Seu Fulano, muitíssimo grato por ter organizado tão bem os documentos!", ou: "Dona Fulana, gostei do seu projeto, suas ideias são realmente originais".

Demonstre seu reconhecimento em diálogos pessoais, em conversas de equipe e por escrito. No uso do correio eletrônico, você pode adotar um costume fácil e prático: sempre que alguém mostrar um bom desempenho, você o elogia por e-mail – ou fala a respeito num e-mail destinado a outro, com cópias endereçadas a mais outros. Assim todos verão que você valoriza aquele funcionário, e o quanto.

Autonomia

Todo funcionário precisa de um espaço próprio, no qual tenha independência para usar suas capacidades e assumir responsabilidade por determinados projetos. Esta autonomia é fundamental para manter a motivação intrínseca. Você pode cobrar de seus funcionários na medida em que confia neles. Valorizar também é: confirmar o valor de alguém ao dar-lhe o grande presente da confiança.

Então confie nos seus funcionários, dando-lhes liberdade de decisão no caso de tarefas bem-definidas.

Todo ser humano precisa de espaço para respirar, mover-se, desenvolver-se. Mas só existe espaço onde existem chão, paredes e teto, enfim, só há espaço onde há limites. Só que às vezes os limites são tão estreitos que o espaço é pequeno demais e o funcionário não tem condição alguma de se desenvolver. Neste sentido, a arte do líder é dar ao funcionário limites bem-definidos, porém largos o bastante para dar-lhe um espaço autônomo de trabalho e decisão.

Valorização, neste sentido, significa: Você assume que confia num funcionário, dando-lhe ampla autonomia e crédito.

Sentido definido

Todos nós temos a necessidade intrínseca de um sentido. Todo funcionário sente necessidade de contribuir com sua parte no resultado global, e que a organização onde atua dê sua contribuição à sociedade.

Em seu livro "Dizer sim à vida em qualquer circunstância: Experiências de um psicólogo no campo de concentração" (em alemão: *Trotzdem Ja zum Leben sagen: Ein Psychologe erlebt das Konzentrationslager*), Viktor Frankl mostra o quanto o sentido definido é necessário à sobrevivência no dia a dia, e até no infortúnio. Como judeus, ele e sua família foram aprisionados num campo de concentração nazista. Lá, sua mulher e seus pais foram mortos; só ele sobreviveu, porque, entre outras coisas, ele procurava, a cada dia, encontrar um sentido na vida e, com isto, um sentido também no sofrimento. Em seu trabalho como terapeuta, empregando a logoterapia por ele desenvolvida, dedicou o resto de sua longa vida (morreu em 1997) à tarefa de ajudar as pessoas a descobrir um sentido definido em sua vida diária.

Também nós, como líderes, devemos nos esforçar para lembrar regularmente os nossos funcionários de que eles têm uma valiosa contribuição a dar ao grupo. Assim demonstramos reconhecimento, assim damos e compartilhamos valor e sentido com nossos funcionários. É uma forma profunda de motivação intrínseca.

Portanto, digam sempre aos seus funcionários: "Notei muito bem a alta qualidade de sua contribuição à nossa equipe!"

5.6 Valorização na área de saúde

Tive, recentemente, a oportunidade de passar um dia com duas enfermeiras chefes de um grande grupo hospitalar. Como equipe de *xpand*, fomos incumbidos de fazer um acompanhamento junto aos dirigentes, no sentido de desenvolver sua atuação em suas respectivas funções. Nossa reunião com essas duas líderes, ambas muito experientes e dedicadíssimas ao trabalho, foi estruturada de modo a adquirirmos uma visão ampla dos ideais predominantes naquele grupo.

O tema "medicina da comunicação" era sempre enfatizado. Se uma enfermeira ou médica ouvia atentamente, se faziam perguntas pertinentes ou diziam palavras de encorajamento, enorme era o efeito de bem-estar nos pacientes. Alguém doente, uma pessoa com problemas, lida constantemente com temores e incertezas, o que lhe custa muito da energia que deveria estar sendo empregada na cura do corpo e da alma.

Num hospital onde os funcionários valorizam os pacientes, a valorização pessoal e a autoconfiança dos mesmos desenvolvem-se naturalmente, o que lhes dá forças para lutar por sua saúde.

Ao final da nossa reunião, as duas líderes concluíram: "Se queremos viver devidamente nossa missão como um hospital, ou melhor, como uma 'casa de cura', temos que estabelecer uma cultura de valorização humana". Isto quer dizer:

› Os membros da diretoria devem tratar com consideração os chefes de setor, médicos, funcionários, os pacientes e seus familiares.
› Idem para chefes de setor e médicos.
› Todos os funcionários devem se valorizar mutuamente, bem como aos pacientes e familiares dos mesmos.
› Todas as dependências internas e externas do hospital, incluindo enfermarias e consultórios, devem ser organizadas, decoradas e cuidadas com ênfase na valorização humana.
› Todas as formas de comunicação, como *website*, placas, luminosos, cartazes e prospectos, devem ter apresentação respeitosa e humana.

Em sua edição de maio de 2011, a revista *Brand eins* abordou o tema "respeito", num artigo que descreve o modo como o Hospital St. Marien, da cidade de Bonn, lida com os pacientes e seus familiares, e com os funcionários. Numa enquete da AOK junto aos pacientes, a clínica recebeu o grau "muito bom". Entre as 132 clínicas pesquisadas, o St. Marien ficou em quarto lugar.

O que essa clínica faz tão bem, para que os funcionários sejam tão positivos?

É claro que fatores técnicos e profissionais também desempenham aí um papel importante. Mas o fator decisivo é a cultura da valorização humana que se vivencia no St. Marien, onde o tema "comunicação" ocupa 60% das prioridades no aperfeiçoamento dos líderes.

Christian Weymayr, o autor do artigo publicado na *brand eins*, escreve: "Assim um ex-paciente manifesta seu entusiasmo na internet: 'Humanidade e respeito para com os pacientes'. Como doente crônico, ele já vinha sendo submetido a muitos tratamentos, podendo assim comparar esta clínica com mais umas 15. Ele não elogia apenas o 'grande respeito diante dos sofrimentos vividos pelos pacientes', mas também o relacionamento entre os médicos, sem chefias autoritárias. Todos têm autonomia de tempo e trabalho, inclusive o pessoal de apoio. E a 'excelente equipe de apoio psicológico' são 'como anjos' no cuidado dos pacientes".

O diretor clínico do hospital explica que, na sua opinião, o fator mais importante é a valorização mútua. O respeito faz parte da profissão médica e deve ser sempre uma regra. Especialmente nas salas de operação, onde a competência da equipe é uma questão de vida ou morte, a valorização mútua é um fator fundamental, e estende-se também à consideração devida ao paciente anestesiado, não se admitindo referências desrespeitosas ao mesmo.

Mas os funcionários também são regularmente valorizados, recebem atenção, acompanhamento e estímulo. A quem deseja evoluir na profissão são dadas condições para ir adiante em sua formação e tornar-se *expert* em sua especialidade.

A valorização, o bendizer (*bene-dicere*) não é, portanto, um luxo especial na área da saúde, e sim uma necessidade primordial da vida e da cura, no serviço aos doentes e aos fracos.

Todos nós queremos que, especialmente neste setor tão importante da sociedade, aqueles que trabalham com abnegação se tornem fontes da valorização humana.

A seguir, uma pequena tabela de ajuda para vocês reunirem ideias para começar a vivenciar a valorização. Anotem suas ideias hoje – e comecem a aplicá-las amanhã!

Tabela 4 Ideias para vivenciar a valorização humana no serviço de saúde

Como posso exercitar valorização concreta no relacionamento...	
	Ideias
comigo mesmo	› › › › › ›

com pacientes	› › › › › ›
com familiares de pacientes	› › › › › ›

Como posso exercitar valorização concreta no relacionamento ...	
	Ideias
com colegas	› › › › › ›

com subordinados	› › › › › ›
com superiores hierárquicos	› › › › › ›
com áreas de trabalho e equipamentos	› › › › › ›

Referências

ADLER, A.; WITTE, K.-H.; BRUDER-BEZZEL, A. & KUHN, R. *Über den nervösen Charakter* – Grundzüge einer vergleichenden Individualpsychologie und Psychotherapie von Alfred Adler [O caráter nervoso – Bases de orientação para a observação comparativa da psicologia e psicoterapia individuais de Alfred Adler].Vandenhoeck & Ruprecht, 2008.

ASSERATE, A.-W. *Manieren*. Deutscher Taschenbuch Verlag, 2005.

BENTO DE NÚRSIA. *Die Regel des heiligen Benedikt* (Regra de São Bento). Beuroner Kunstverlag, 2006.

CHAPMAN, G. *Die fünf Sprache der Liebe* – Wie Komunikation in der Ehe gelingt [As quarto linguagens do amor – A boa comunicação dentro do casamento]. Francke Buchhandlung, 2008.

DONDERS, P.Ch. *Kreative Lebensplanung*: Entdecke deine Berufung; Entwicle dein Potential – beruflich und privat [Plano de vida criativo: Descubra sua vocação; Descubra seu potencial – Para a vida profissional e privada]. Gerth Medien, 2005.

FRANKL, V. *Trotzdem Ja zum Leben sagen:* Ein Psychologe erlebt das Konzentrationslager [Dizer sim à vida em qualquer circunstância: Experiências de um psicólogo na área da concentração]. Kösel, 2009.

______. *Ärztliche Seelsorge*: Grundlagen der Logotherapie und Existenzanalyse - Mit den "Zehn Thesen über die Person" [Tratamento da Alma: Elementos de Logoterapia e Análise existencial das "Dez Teses sobre a Personalidade"]. Deutscher Taschenbuch Verlag, 2007.

GLADWELL, M. *Überflieger*: Warun manche Menschen erfolgreich sind - und andere nicht (Vitoriosos: Por que algumas pessoas têm sucesso - e outras não). 2. ed. Piper Taschenbuch, 2010.

GRIFFITH, V. "Ohne Vertrauen kann der Transfer von Wissen nicht stattfinden" [Sem confiança não há lugar para a transmissão do conhecimento]. *Hoechst Magazin*, 3/1999.

GRÜN, A. *Menschen führen - Leben wecken* - Angerungen aus der Regel Benedikts [A arte da liderança - *Despertando a vida* - Com base na Regra de São Bento]. 12. ed. Vier-Türme-Verlag, 2011.

______. *Gut mit sich selbst umgehen* [O bom relacionamento consigo mesmo]. Topos Plus, 2010.

GUARDINI, R. *Tugenden:* Meditationen über Gestalten sittlichen Lebens [Virtudes: meditações sobre formas de vida ética]. Matthias-Grünewald-Verlag, 2007.

HÖHLER, G. *Warun Vertrauen Siegt* [Por que a confiança leva à vitória]. Ullstein Taschenbuch, 2005.

LECHNER, O. *Weite dein Herz* – Lebenskunst aus dem Kloster [Expanda seu coração – A arte de viver do mosteiro]. Heyne, 2004.

LEE, F. *If Disney Ran Your Hospital* [Se Disney administrasse seu hospital]. Second River Healthcare, 2004.

McGINNIS, A.L. *The Friedship Factor:* How to Get Closer to the People You Care for [O Fator Amizade – Como se aproximar mais das pessoas de que você trata]. Augsburg Fortress, 2004.

MÜLLER, W. *Gönne dich dir selbst* – Von der Kunst sich gut sein [Doe-se a si mesmo – A arte de ser bom consigo mesmo]. 14. ed. Vier-Türme-Verlag, 2011.

NANUS, B. *Visionäre Führung* [Liderança visionária]. Campus Verlag, 1994.

PINK, D.H. *Drive:* Was Sie wirklich motiviert [Direção: a surpreendente verdade sobre o efeito das motivações]. Ecowin Verlag, 2010.

SASSE, D. "Mittendrin, aber nich dabei – Fehlendes Zugehörigkeitsgefül ist der Schlüssel bei Depressionen" [Perto, porém distante – O sentimento de exclusão abre a porta da depressão]. *Welt Online*, 26/08/1999.

TOURNIER, P. *Geschenke und ihr sinn* [Os presentes e seus significados]. Rascher Verlag, 1960.

VOSWINKEL, S. *Im Gespräch mit Andreas Hüber* [VOSWINKEL, S. *Dialogando com Andreas Huber*]: Wer keine Anerlennung sät, wird auch keine Leistung ernte! [Quem não semeia reconhecimento não colhe desempenho!]. *Psychologie Heute*, jul./2001.

WEYMAYR, C. "Glauben, dienen und ein Schnullerbaum" [Confie em si mesmo e cresça, jogue fora a chupeta]. *Brand Eins*, 5/2011.

WILDE, M. Respekt – Die Kunst der gegenseitigen Wertschätzung [Respeito – A arte da valorização mútua]. Vier-Türme-Verlag, 2009.

WUNSCH, A. *Die Verwöhnungsfalle:* Für eine Erziehung zu mehr Eigenverantwortlichkeit: Für eine Erziehung zu mehr Eigenveranwortung [O fim da adulação: Por uma educação que desenvolva o senso de responsabilidade]. 13. ed. Kösel, 2000.